Tomo Matasić

Dobar dan!

Ein Lehrbuch des Kroatischen

Max Hueber Verlag

Zu diesem Lehrwerk gehören außerdem:

das **Beiheft – Wortschatz Anhang Schlüssel**
Hueber-Nr. 1.5100
und eine Cassette **Aufnahmen der Lektionstexte**
Hueber-Nr. 2.5100

Bildnachweis:

S. 27: Zagreb, Altstadt; Omnibus und Buchhandlung
S. 50: Fischerboote vor Cavtat
S. 58: Cres
S. 59: Fischmarkt
S. 69: Zagreb, Philosophische Fakultät
S. 92: Taxis in Zagreb
S. 110, 111: Schallplattenladen
S. 120: Lotto- und Totoannahmestelle
S. 129: Straßenszene in Zagreb
S. 142: Verlagsgebäude in Zagreb
S. 150: Zadar, Strand „Borik"
S. 151: Kiosk, Hotel in Zadar
S. 182: Dubrovnik
S. 183: Autoschlange, Inseln an der Adriaküste

11. 10. | Die letzten Ziffern
2003 02 01 | bezeichnen Zahl und Jahr des Druckes.
Alle Drucke dieser Auflage können, da unverändert,
nebeneinander benutzt werden.
1. Auflage

Umschlaggestaltung: Helmut Fischer
Zeichnungen: Ulrik Schramm, Feldafing
Fotos: Leonore Ander, Ottobrunn
Verlagsredaktion: Regina Schmitt, Roland Irmer
Gesamtherstellung: AZ Druck und Datentechnik GmbH, Kempten
Printed in Germany
ISBN 3-19-005100-3

Inhaltsverzeichnis

Vorwort

Das Lehrbuch

Das Lehrbuch enthält 24 Lektionen, die in A-, B- und C-Teil gegliedert sind. Jede Lektion kann in ungefähr 2 Unterrichtsdoppelstunden durchgenommen werden.

Bei den *A-Teilen* handelt es sich um die Texte der Lektionen, die vorwiegend aus kurzen Dialogen zu aktuellen Themen bestehen. Die Dialoge haben die Aufgabe, dem Lernenden den Grundwortschatz zu vermitteln, wie er in Alltagssituationen verwendet wird. Hier wird aktive Sprachbeherrschung angestrebt. Im letzten Drittel des Lehrbuchs kommen auch andere Textsorten vor: ein Geschäfts- und ein Privatbrief und als Abschluß zwei literarische Texte. Hier sollen dem Lernenden die Strukturen und Konstruktionen der Sprache vermittelt werden, die mehr oder weniger nur passiver Sprachbeherrschung angehören.

Die *B-Teile* beschreiben die im A-Teil auftretenden Erscheinungen der Grammatik, wobei einige, wie z. B. die Deklination der Substantive, nach und nach eingeführt werden, während andere, wie z. B. die einzelnen Zeitformen des Verbs, meistens systematisch in einem Zuge, d. h. in einer oder höchstens zwei Lektionen dargestellt werden. Dieses systematische Vorgehen schien wegen des Formenreichtums des Kroatischen angebracht. Damit die Betonung und Intonation leichter eingeprägt werden können, sind die B-Teile mit Betonungszeichen versehen, die man beim Schreiben sonst nicht verwendet.

Die *C-Teile* dienen der Verfestigung und Einübung der Grammatik und des Wortschatzes. Viele Wörter werden immer wieder in den Beispielsätzen wiederholt, damit sie dem Lernenden auch ohne systematisches Vokabellernen im Ohr bleiben. Allen Übungen des C-Teils ist ein Mustersatz vorangestellt, der meistens mit dem ersten Satz der Übungen identisch ist.

Nach jeweils sechs Lektionen folgt ein *Test,* in dem sowohl der Wortschatz als auch die Grammatik der vorangegangenen Lektionen enthalten sind. Der Test hat zwei Funktionen: Selbstkontrolle und Wiederholung.

Alle A-Teile sind auf *Cassette* aufgenommen. Die Aufnahme der Texte ist einerseits für die Erlernung der richtigen Aussprache und Intonation unentbehrlich und dient andererseits zum Einprägen der Wörter und Redewendungen.

Das Beiheft

Das Beiheft enthält den Lektionswortschatz, den Schlüssel zu den Übungen, ein alphabetisches Wortregister sowie einen Anhang.

Im *Lektionswortschatz* werden die Wörter nach ihrem Auftreten in den jeweiligen Lektionen aufgeführt. Außerdem sind die gebräuchlichsten Redewendungen und einige ganze Sätze aufgenommen. Alle Wörter und Wendungen sind mit Betonungszeichen versehen.

Das *Wortregister* enthält alle im Lehrbuch vorkommenden Vokabeln in alphabetischer Reihenfolge mit Angabe der Lektion, in der sie zum erstenmal auftreten.

Im *Schlüssel* findet man alle Lösungen der C-Teile und der Tests sowie die Übersetzung aller A-Teile. Dies ermöglicht eine schnelle Selbstkontrolle und ist darüber hinaus für Selbstlerner eine entscheidende Hilfe.

Im *Anhang* findet der Lernende die wichtigsten Lautgesetze des Kroatischen und das Alphabet mit den dazugehörigen Aussprachebeispielen. Wer sich auch für das Serbische interessiert, findet die wichtigsten Merkmale der serbischen Sprache und ihre Unterschiede zum Kroatischen aufgeführt. Auch ein kyrillisches Alphabet mit den lateinischen Entsprechungen ist im Anhang abgedruckt.

Verfasser und Verlag

Abkürzungen

A.	Akkusativ
Adj.	Adjektiv
Adv.	Adverb
D.	Dativ
dijal.	Dialekt
DL	Dativ und Lokativ
f.	femininum
G.	Genitiv
I.	Instrumental
Imp.	Imperativ
imperf.	imperfektiv (unvollendet)
Inf.	Infinitiv
Komp.	Komparativ
L.	Lokativ
m.	maskulinum
N.	Nominativ
n.	neutrum
Part. Perf.	Partizip Perfekt
Perf.	Perfekt
perf.	perfektiv (vollendet)
Pers.	Person
Pl.	Plural
pl.	pluralis
Pl. tant.	Pluralia tantum
Präp.	Präposition
Präs.	Präsens
S.	Seite
s.	siehe
Sg.	Singular
sg.	singularis
unpers.	unpersönlich
unvo.	unvollendet (imperfektiv)
V.	Vokativ
v.	von
Verbaladv.	Verbaladverb
vgl.	vergleiche
vo.	vollendet (perfektiv)
>	wird zu
<	geworden aus

1A

Tko je to?

To je moj prijatelj Boris.
On je privremeno u Njemačkoj.
A ovo je moja prijateljica Nada.
Ona je iz Zagreba.
Ona je studentica.
Boris i ja smo također studenti.
Ono tamo je također naš prijatelj iz Zagreba.
On nije student, on je radnik.

Što je to?
Ovo ovdje je moja knjiga.
To tu je moja bilježnica.
A ono tamo je Nadin rječnik.
Borisov rječnik nije tu.

– Što su tvoji roditelji po zanimanju?
– Moj otac je profesor, a majka je domaćica. A što su tvoji roditelji?
– Moji roditelji su radnici.

– Gdje su tvoji roditelji danas?
– Danas moji roditelji nisu kod kuće. A jesu li tvoji roditelji danas kod kuće?
– Nisu. Moji roditelji također nisu kod kuće.

1B

1. Prezent glagola *bȉti* – Präsens des Verbs *bȉti* „sein“

a) Nenaglašeni oblik – Unbetonte Form

● Tko **je** to?	*Wer ist das?*	– To **je** Boris.	*Das ist Boris.*
● Što **je** to?	*Was ist das?*	– To **je** knjiga.	*Das ist ein Buch.*
● Što **je** on?	*Was ist er?*	– On **je** student.	*Er ist Student.*

jâ	**sam**	*ich bin*	mî	**smo**	*wir sind*
tî	**si**	*du bist*	vî (Vî)	**ste**	*ihr seid, Sie sind*
ôn *(m)*	**je**	*er ist*	òni *(m)*	**su**	*sie sind*
òna *(f)*	**je**	*sie ist*	òne *(f)*	**su**	*sie sind*
òno *(n)*	**je**	*es ist*	òna *(n)*	**su**	*sie sind*

b) Naglašeni oblik – Betonte Form

● Jesi li ti student? – **Jesam.** (Da, ja sam student.)
Bist du Student? Ja, das bin ich. (Ja, ich bin Student.)

jèsam	*ich bin*	**jèsmo**	*wir sind*
jèsi	*du bist*	**jèste**	*ihr seid / Sie sind*
jèst	*er ist*	**jèsu**	*sie sind*

2. Upitni oblik – Fragende Form

● **Jesi li** ti student? – Da, ja sam student.
Bist du Student? Ja, ich bin Student.

jèsam **li** (jâ)?	*bin ich?*	jèsmo **li** (mî)?	*sind wir?*
jèsi **li** (tî)?	*bist du?*	jèste **li** (vî, Vî)?	*seid ihr? (sind Sie?)*
jè **li** (ôn, òna, òno)?	*ist er (sie, es)?*	jèsu **li** (òni, òne, òna)?	*sind sie?*

3. Negativni oblik – Verneinende Form

● Jesi li ti student? – Ne, **ja nisam** student.
Bist du Student? *Nein, ich bin nicht Student.*
(Nisam.)
(Nein, das bin ich nicht.)

nísam	*ich bin nicht*	**ní**smo	*wir sind nicht*
nísi	*du bist nicht*	**ní**ste	*ihr seid nicht*
níje	*er ist nicht*	**ní**su	*sie sind nicht*

4. Upitno negativni oblik – Fragendverneinende Form

● **Nisi li** ti radnik? – Ne, ja nisam radnik.
– Da, ja sam radnik.
Bist du kein Arbeiter? – Nein, ich bin kein Arbeiter.
– Doch, ich bin Arbeiter.

nísam li jâ?	*bin ich nicht?*	**nísmo li** mî?
nísi li tî?		**níste li** vî (Vî)?
níje li ôn (òna, òno)?		**nísu li** òni (òne, òna)?

5.

● Nad**in** rječnik – *Nada's Wörterbuch*

Náda { Nád**in** rjèčnīk / Nád**ina** knjìga

Bòris { Bòris**ov** rjèčnīk / Bòris**ova** knjìga

6. Tvorba plurala imenica muškog roda na konsonant – Pluralbildung der Maskulina auf Konsonant

● Moj prijatelj – Moji prijatel**ji**
Mein Freund *Meine Freunde*

ròditelj – ròditelji
stùdent – stùdenti
râdnīk – râdnīci (k vor i wird im Plural zu c.)

1C

1.

Tko je to? (Boris) – To je Boris.

a. Tko je to? (moj prijatelj) **b.** Tko je to? (moja prijateljica) **c.** Tko je to? (Nada) **d.** Tko je to? (student Boris) **e.** Tko je to? (moja prijateljica Nada) **f.** Tko je student? (Boris)

2.

Što je to? (knjiga) – To je knjiga.

a. Što je to? (bilježnica) **b.** Što je to? (rječnik) **c.** Što je to? (stol) **d.** Što je to? (lampa)

3.

Što je on (po zanimanju)? (student) – On je student.

a. Što je Boris po zanimanju? (student) **b.** Što je Nada? (studentica) **c.** Što sam ja? (student) **d.** Što si ti? (đak) **e.** Što ste Vi po zanimanju? (profesor)

4.

Jesi li ti student? – Jesam. (*oder:* Da, ja sam student).

a. Je li on radnik? **b.** Jesmo li mi studenti? **c.** Jeste li vi radnici? **d.** Jesu li oni studenti? **e.** Jesam li ja student? **f.** Je li ona studentica?

5.

Jesi li ti student? – Da, ja sam student. (*oder:* Jesam).

a. Je li on đak? **b.** Jesi li ti lektor? **c.** Je li ona profesor?

6.

Jesi li ti student? – Ne, ja nisam student. (*oder:* Nisam).

a. Jesmo li mi radnici? **b.** Jesu li oni radnici? **c.** Jeste li vi đaci? **d.** Je li ona studentica?

7.

Nisi li ti radnik? – Ne, ja nisam radnik. – Jest, ja sam radnik.

a. Nije li Nada radnik? **b.** Nije li Boris student? **c.** Nismo li mi studenti? **d.** Nisu li oni profesori? **e.** Nisi li ti lektor?

8.

Nada (rječnik) – Gdje je Nadin rječnik?

a. Anka (knjiga) **b.** Mirjana (olovka) **c.** Milka (otac) **d.** Marija (majka) **e.** Boris (prijatelj) **f.** Robert (brat) **g.** Josip (prijateljica)

9.

Ja sam student. – Mi smo studenti.

a. Ti si radnik. (Vi) **b.** On je profesor. (Oni) **c.** Gdje je rječnik? **d.** Tvoj rječnik je tu. **e.** On je đak. (Oni)

10.

Prijevod – Übersetzung

a. Wer ist dein Freund? **b.** Mein Freund ist Boris. **c.** Was ist dein Freund von Beruf? **d.** Er ist von Beruf Student. **e.** Ist auch Nada Studentin? **f.** Sie ist keine Studentin. **g.** Ist Boris kein Student? **h.** Ja, er ist Student. **i.** Sind das nicht deine Eltern? **j.** Meine Freunde sind nicht hier. **k.** Wo ist Boris' Wörterbuch? **l.** Boris' Wörterbuch ist nicht hier.

Borisov rođendan

2A

Boris ima danas rođendan.
On čeka svoje prijatelje i prijateljice.
Borisovi roditelji nisu danas kod kuće.

Boris ima mnogo prijatelja i prijateljica.
Ono tamo je Josip, lijevo je Branko, a desno je Slavko.
Nada i Dragica su također tu.

Boris ima već dvadeset godina. Njegov prijatelj Josip ima trideset godina, a njegova prijateljica Nada ima tek osamnaest godina

Boris prima poklone.
Danas je zadovoljan i veseo.
On je u formi.

2B

1. Prezent glagola *ìmati* – Präsens des Verbs *ìmati* „haben"

● Boris **ima** rođendan. *Boris hat Geburtstag.*

(jâ)	**ìmām**	*ich habe*	(mî)	ìmāmo	*wir haben*
(tî)	**ìmāš**	*du hast*	(vî)	ìmāte	*ihr habt*
(ôn) (òna) (òno)	**ìmā**	*er (sie, es) hat*	(òni) (òne) (òna)	ìmajū	*sie haben*

Die Personalpronomina *(jâ, tî, ôn, òna, òno, mî, vî, òni, òne, òna)* werden nur dann gebraucht, wenn man sie besonders betonen möchte: **Jâ** *ìmām dànas rồđendan, a ne* **tî.** „**Ich** habe heute Geburtstag und nicht **du.**" In den weiteren Grammatikteilen werden die Personalpronomina ausgelassen.

2. Upitni oblik – Fragende Form

● **Ima li** Boris rođendan? *Hat Boris Geburtstag?*

ìmām **li**?	*habe ich?*	ìmāmo **li**?	*haben wir?*
ìmāš **li**?	*hast du?*	ìmāte **li**?	*habt ihr?*
ìmā **li**?	*hat er?*	ìmajū **li**?	*haben sie?*

3. Negativni oblik – Verneinende Form

● Nada **nema** mnogo prijatelja. *Nada hat nicht viele Freunde.*

(jâ)	**nê**mām	*ich habe nicht*	(mî)	**nê**māmo	*wir haben nicht*
(tî)	**nê**māš	*du hast nicht*	(vî)	**nê**māte	*ihr habt nicht*
(ôn) (òna) (òno)	**nê**mā	*er (sie, es) hat nicht*	(òni) (òne) (òna)	**né**majū	*sie haben nicht*

4. Upitno negativni oblik – Fragendverneinende Form

● **Nema li** Boris danas rođendan? *Hat Boris heute nicht Geburtstag?*

nêmām	**li**	jâ? *habe ich nicht?*	**nêmāmo**	**li**	mî?
nêmāš	**li**	tî?	**nêmāte**	**li**	vî
nêmā	**li**	ôn, òna, òno?	**némajū**	**li**	òni, òne, òna?

5. Prezent glagola na *-ati (čȅkati)*
Präsens der Verben auf *-ati (čȅkati* **„warten"***)*

● Boris **čeka** svoje prijatelje. *Boris erwartet seine Freunde.*

čȅk-**a-ti** *„warten"*

čȅk **ām**	čȅk **āmo**
čȅk **āš**	čȅk **āte**
čȅk **ā**	čȅk **ajū**

6. Negativni oblik – Negative Form

● On **ne** čeka svoje prijatelje. *Er erwartet nicht seine Freunde.*

Die negative Form wird mit Hilfe der Negation *ne* gebildet. Diese steht immer vor dem Verb und schmilzt nicht, bis auf einige Ausnahmen wie *nísam, nísi ..., nêmām, nêmāš ...*, mit dem Verb zusammen.

7. Upitni oblik – Fragende Form

● Čeka **li** Boris svoje prijatelje? *Erwartet Boris seine Freunde?*

Die fragende Form wird mit Hilfe der Fragepartikel *li* gebildet, die immer direkt nach dem Verb steht.

8. Upitno negativni oblik – Fragendverneinende Form

● **Ne čekam li** ja svoje prijatelje? *Erwarte ich nicht meine Freunde?*

Die fragendverneinende Form ist zusammengesetzt aus der negativen Form und der Fragepartikel *li*.

9. Genitiv i akuzativ plurala imenica muškog roda na konsonant – Genitiv und Akkusativ Plural der Maskulina auf Konsonant

N.pl. prȉjatelj**i** *G.pl.* prȉjatēlj**ā** – *A.pl.* prȉjatelj**e**
N.pl. ròditelj**i** *G.pl.* ròditēlj**ā** – *A.pl.* ròditelj**e**

10. Tvorba plurala imenica na *-a* – Pluralbildung der Substantiva auf *-a*

Singular	*Plural*
N. prijatèljic**a**	*N.* prijatèljic**e** *G.* prijatèljīc**ā** *A.* prijatèljic**e**
N. gȍdin**a**	*N.* gȍdin**e** *G.* gȍdīn**ā** *A.* gȍdin**e**

2C **1.**

Tko ima rođendan? (Boris) – Boris ima rođendan.

a. Tko ima rođendan? (Boris) **b.** Tko ima rođendan? (moj prijatelj) **c.** Tko ima rođendan? (moji roditelji)

2.

Imaš li ti rođendan? – Ne, ja nemam rođendan.
– Da, ja imam rođendan.

a. Imaš li ti rođendan? **b.** Imaju li tvoji roditelji rođendan? (Ne) **c.** Ima li Borisova prijateljica rođendan? (Da) **d.** Imaju li oni rođendan? (Ne)

3.

Tko nema rođendan? (Nada) – Nada nema rođendan.

a. Ja **b.** Moji prijatelji **c.** Vi **d.** Nada i Slavko **e.** Ti **f.** Ti i on **g.** Ja i ti

4.

Nemaš li ti danas rođendan? – Ne, ja nemam danas rođendan. Da, ja imam danas rođendan.

a. Nemaš li ti danas rođendan? (Ne) **b.** Nema li Boris danas rođendan? (Da) **c.** Nemaju li Borisovi roditelji danas rođendan? (Ne) **d.** Nemate li vi danas rođendan? (Ne) **e.** Nemaju li Nada i Slavko danas rođendan? (Ne)

5.

Čekaš li ti svoje prijatelje? – Ne, ja ne čekam svoje prijatelje. – Da, ja čekam svoje prijatelje.

a. Čeka li on svoje roditelje? (Da) **b.** Čekate li vi svoje prijateljice? (Ne) **c.** Čekam li ja svoje roditelje? (Da)

6.

Gdje čekaš svoje prijatelje? (kod kuće) – Čekam svoje prijatelje kod kuće.

a. Gdje čekaš svoje roditelje? (kod kuće) **b.** Gdje čekate svoje prijatelje? (kod kuće) **c.** Gdje čekamo prijatelje? (kod kuće)

7.

Tko prima poklone? (Boris) – Boris prima poklone.

a. Tko prima poklone? (Boris) **b.** Tko prima poklone? (Mi) **c.** Tko prima poklone? (Vi) **d.** Tko prima poklone? (Moji roditelji) **e.** Tko prima poklone? (Boris i Nada) **f.** Što prima Boris? (poklone)

8.

Koliko godina ima Boris? (dvadeset i pet) – Boris ima dvadeset i pet godina.

a. Koliko godina ima Boris? (dvadeset i pet) **b.** Koliko godina ima Nada? (osamnaest) **c.** Koliko godina ima Borisov prijatelj Josip? (trideset) **d.** Koliko godina imate vi? (?) **e.** Koliko godina imaš ti? (?)

9.

Borisovi prijatelji – Boris čeka svoje prijatelje.

a. Borisovi prijatelji **b.** Borisove prijateljice **c.** Borisovi roditelji

10.

Prijevod – Übersetzung

a. Boris' Eltern sind heute zu Hause. **b.** Er wartet auf seine Eltern und auf seine Freunde. **c.** Seine Freundinnen sind schon da. **d.** Er nimmt die Geschenke entgegen. **e.** Heute ist er in Form.

Proslava rođendana

3A

Prijatelji čestitaju Borisu rođendan i sjedaju za stol.

Boris pita prijatelje što piju.
Josip i Branko piju crno vino,
a Slavko pije bijelo vino.

Borisove prijateljice ne piju vino.
One piju obično liker ili čaj.
Nada pije večeras kruškovac, a Dragica pije čaj.

Borisov gramofon je pokvaren.
Danas svira njegov radio.
Prijatelji plešu i zabavljaju se.

Borisovi prijatelji i prijateljice idu u jedanaest sati kući.
Oni su umorni.
Boris misli da su oni čak i pijani.

3B

1. Prezent glagola *pȉti* **– Präsens des Verbs** *pȉti* **„trinken"**

● Josip i Branko **piju** crno vino. – *Josip und Branko trinken Rotwein.*

pȉ-ti *trinken*

pȉ **jēm**	pȉ **jēmo**
pȉ **jēš**	pȉ **jēte**
pȉ **jē**	pȉ **jū**

2. Prezent glagola *plèsati* **– Präsens des Verbs** *plèsati* **„tanzen"**

● Borisovi prijatelji **plešu.** – *Boris' Freunde tanzen.*

plès ati *tanzen*

plèš **ēm**	plèš **ēmo**
plèš **ēš**	plèš **ēte**
plèš **ē**	plèš **ū**

Plešem kommt von *ples*-**j**-*em:* **s** + **j** geben nach dem Gesetz der Jotierung **š**. (S. Anhang)

3. Prezent glagola *mȉsliti* **– Präsens des Verbs** *mȉsliti* **„denken"**

● Boris **misli** da su oni pijani. – *Boris denkt, daß sie betrunken sind.*

mȉsli-ti *denken*

mȉsl **īm**	mȉsl **īmo**
mȉsl **īš**	mȉsl **īte**
mȉsl **ī**	mȉsl **ē**

4. Prezent glagola *ìći* **– Präsens des Verbs** *ìći* **„gehen"**

● Borisovi prijatelji **idu** kući. *Boris' Freunde gehen nach Hause.*

ìći *gehen*

ȉdēm	ȉdēmo
ȉdēš	ȉdēte
ȉdē	ȉdū

5. Prezent povratnih glagola *(zàbavljati se)* – **Präsens der reflexiven Verben** *(sich vergnügen)*
Beachte die Wortstellung!

a) zabavljati se „sich unterhalten, sich amüsieren"

jâ **se** zàbavljām	mî **se** zàbavljāmo
tî **se** zàbavljāš	vî **se** zàbavljāte
ôn (òna, òno) **se** zàbavljā	òni (òne, òna) **se** zàbavljaju

oder

zàbavljām **se**
zàbavljāš **se**...

b)

jâ **se ne** zàbavljām *ich unterhalte mich nicht*
tî **se ne** zàbavljāš...

oder

ne zàbavljām **se** (jâ)
ne zàbavljāš **se** (tî) ...

c)

zàbavljām **li se** (jâ)? *unterhalte ich mich?*
zàbavljāš **li se** (tî)? ...

oder

… **dà li se** (jâ) zàbavljām?
… **dà li se** (tî) zàbavljāš? …

d)

ne zàbavljām **li se** (jâ)? *unterhalte ich mich nicht?*
ne zàbavljāš **li se** (tî)? …

6.

● Bòris je ȕmō**ran**	–	Prȉjatelji su ȕmō**rnī**
Boris ist müde		*Die Freunde sind müde*
● Náda je ȕmō**rna**	–	Prijatèljice su ȕmō**rnē**
Nada ist müde		*Die Freundinnen sind müde*

N. sg.	ȕmō**ran** *(m.)*	*N. pl.*	ȕmō**rnī** *(m.)*
	ȕmō**rna** *(f.)*		ȕmō**rnē** *(f.)*

7.

● Boris**ov** prijatelj	–	Boris**ovi** prijatelji
Boris' Freund		*Boris' Freunde*

N. sg.	Bòris**ov** prȉjatelj	*N. pl.*	Bòris**ovi** prȉjatelji
	Bòris**ova** prijatèljica		Bòris**ove** prijatèljice

3C

1.

Tko pije crno vino? (Josip i Branko) – Josip i Branko piju crno vino.

a. Tko pije crno vino? (Josip i Branko) **b.** Tko pije vino? (Borisovi prijatelji) **c.** Tko pije crno vino? (Njegove prijateljice) **d.** Tko pije bijelo vino? (Mi) **e.** Tko pije bijelo vino? (Ti)

2.

Što piju Josip i Branko? (crno vino) – Oni piju crno vino.

a. Što piju Josip i Branko? (crno vino) **b.** Što ti piješ? (vino) **c.** Što vi pijete? (čaj) **d.** Što pijemo mi? (bijelo vino)

3.

Ja pijem vino. (Što) – Što ja pijem?

a. Ja pijem vino. (Što) **b.** One piju čaj. (Što) **c.** Vi pijete liker. (Što) **d.** Mi pijemo kruškovac. (Što)

4.

Danas pijem čaj. (Što) – Što pijem danas?

a. Danas pijem čaj. (Što) **b.** Večeras pijemo čaj. (Što) **c.** Danas pijete liker. (Što) **d.** Danas piju vino. (Što)

5.

Boris i Nada plešu. (Tko) – Tko pleše? Boris i Nada plešu.

a. Boris i Nada plešu. (Tko) **b.** Mi večeras plešemo. (Tko) **c.** One danas plešu. (Tko) **d.** Vi plešete danas. (Tko) **e.** Ti plešeš. (Tko)

6.

Pleše li Boris? (Da) – Da, on pleše. – Ne, on ne pleše.

a. Pleše li Boris? (Da) **b.** Plešeš li ti? (Ne) **c.** Plešete li vi danas? (Da) **d.** Plešu li oni danas? (Ne)

7.

Što pita on? (... da li ja plešem) – On pita, da li ja plešem.

a. Što pita on? (... da li ja plešem) **b.** Što pitaš ti? (... da li mi plešemo) **c.** Što pitate vi? (... da li on pleše) **d.** Što pitaju one? (... da li vi plešete)

8.

Jesi li ti pijan? (Ne) – Ne, ja nisam pijan.

a. Jesi li ti pijan? (Ne) **b.** Jesmo li mi pijani? (Ne) **c.** Jesu li oni pijani? (Ne) **d.** Jesu li one pijane? (Ne) **e.** Je li on pijan? (Ne)

9.

Što misli on? (... da si ti pijan) – On misli da si ti pijan.

a. Što misli on? (... da si ti pijan) **b.** Što mislite vi? (... da ja nisam pijan) **c.** Što misle oni? (... da je ona pijana) **d.** Što mislimo mi? (... da je on umoran) **e.** Što mislim ja? (... da su one umorne)

10.

Tko ide kući? (On) – On ide kući.

a. Tko ide kući? (On) **b.** Tko ide kući? (Mi) **c.** Tko ide kući? (One) **d.** Tko ide kući? (Vi)

11.

Ideš li ti kući? (Da)	– Da, ja idem kući. – Ne, ja ne idem kući.

a. Ideš li ti kući? (Da) **b.** Idemo li mi kući? (Ne) **c.** Idu li one kući? (Da) **d.** Idu li oni kući? (Da)

12.

Što pita Boris? (... idem li kući). – Boris pita, idem li kući.
(... da li idem kući). – Boris pita, da li idem kući.

a. Što pita Boris? (... idem li kući) **b.** Što pitate vi? (... da li idemo kući) **c.** Što pitaju one? (... idu li oni kući) **d.** Što pitaš? (... ideš li kući) **e.** Što pitam ja (... da li idete kući)

13.

Zabavljaju li se one? (Da) – Da, one se zabavljaju.

a. Zabavljaju li se one? (Da) **b.** Zabavljaš li se ti? (Da) **c.** Zabavlja li se on? (Da) **d.** Zabavlja li se ona? (Da) **e.** Zabavljamo li se mi? (Da) **f.** Zabavljate li se vi? (Da)

14.

Ja se ne zabavljam. (ja) – Zabavljam li se ja?

a. Ja se ne zabavljam. (ja) **b.** One se zabavljaju. (one) **c.** Vi se zabavljate. (vi) **d.** Mi se zabavljamo. (mi) **e.** Ti se zabavljaš. (ti)

15.

Ne zabavljam li se ja? (Ne) – Ne, ja se ne zabavljam.

a. Ne zabavljam li se ja? (Ne) **b.** Ne zabavljaju li se one? (Ne) **c.** Ne zabavlja li se on? (Ne) **d.** Ne zabavljamo li se mi večeras? (Ne)

16.

Gdje se zabavljaš danas? (kod kuće) – Danas se zabavljam kod kuće.

a. Gdje se zabavljaš danas? (kod kuće) **b.** Gdje se zabavlja on danas? (kod kuće) **c.** Gdje se zabavljate danas? (kod kuće) **d.** Gdje se zabavljaju one? (kod kuće)

17.

Borisov prijatelj je umoran. – Borisovi prijatelji su umorni.

a. Borisov prijatelj je umoran. **b.** Borisova prijateljica je umorna. **c.** Nadin prijatelj je umoran. **d.** Nadina prijateljica nije umorna.

18.

Prijevod – Übersetzung

a. Ich gratuliere dir zum Geburtstag. **b.** Boris' Freunde tanzen und vergnügen sich heute abend. **c.** Boris denkt, daß seine Freunde betrunken sind *(beachte die Wortfolge)*. **d.** Wir sind heute müde. Wir sind nicht betrunken. **e.** Heute abend gehe ich nach Hause. **f.** Wir trinken heute Rotwein. **g.** Er trinkt keinen Weißwein.

× Sretan Rođendan!
× Mi nismo pijani
× Večeras idem kući.
× Mi pijemo danas crno vino.
× On ne pije bijelo vino.

Razgovor

4A

– Kamo ideš, Nado?
– Idem u Zagreb.
Moram nabaviti neke stvari za školu.
– Što moraš nabaviti?
– Moram si kupiti neke knjige.

– Ideš li pješice u grad?
– Ne, ne idem pješice.
Idem autobusom.
Knjižara se nalazi u centru grada.
To je daleko, a ja nemam danas vremena.
Danas popodne moram rješavati još neke zadatke za sutra.

– Ja moram također danas u Zagreb.
Idemo zajedno, ako hoćeš?
Ja imam auto.
– Dobra ideja! Idemo li odmah?
– Da, da! Idemo odmah. Moram uzeti samo još novčanik.

Nada se veseli jer ne mora čekati autobus. Boris je također sretan jer voli Nadino društvo.

4B

1. Rod – Das Geschlecht

Im Kroatischen und im Serbischen gibt es drei Geschlechter: männlich (maskulinum oder muški rod), weiblich (femininum oder ženski rod) und sächlich (neutrum oder srednji rod).
Die Maskulina enden meist auf Konsonant: *Boris, prijatelj, grad.* Die Feminina enden auf *-a: Nada, prijateljica, knjiga,* oder auch auf Konsonant: *stvar* „die Sache".
Die Neutra enden auf *-o: društvo* „die Gesellschaft", oder auf *-e: vrijeme* „die Zeit".
Die Deklination weist sieben Fälle auf: Nominativ, Genitiv, Dativ, Akkusativ, Vokativ, Lokativ und Instrumental. Im Kroatischen und Serbischen gibt es keinen Artikel.

a) Deklinacija imenica muškog roda – Deklination der Maskulina

● Idem u Zagreb. Idem autobus**om**.
Ich gehe (fahre) nach Zagreb. Ich fahre mit dem Bus.

Sg.	*Unbelebt*					*Belebt*
N.	Zágreb	grâd	nov-čànīk	autó-bus	cȅntar	prȉjatelj
A.	Zágreb	grâd	nov-čànīk	autó-bus	cȅntar	prȉjatelj**a**
L.	Zágreb**u**	grád**u**	nov-čaník**u**	autó-bus**u**	cȅntr**u**	prȉjatelj**u**
I.	Zágreb**om**	grâd**om**	nov-čaník**om**	autó-bus**om**	cȅntr**om**	prȉjatelj**em**

Beachte: Der Akkusativ der unbelebten Substantiva *(grad, autobus)* ist gleich dem Nominativ, die belebten hingegen enden auf *-a.*

b) Deklinacija imenica ženskog roda – Deklination der Feminina

● Kamo ideš, Nad**o**? *Wo gehst du hin, Nada?*

N. sg.	Nád**a**	knjȉg**a**	stvâr
A.	Nád**u**	knjȉg**u**	stvâr
V.	Nâd**o**	knjȉg**o**	stvâr**i**
N. pl.	–	knjȉg**e**	stvâr**i**
A.	–	knjȉg**e**	stvâr**i**

c) Deklinacija imenica srednjeg roda – Deklination der Neutra

● Danas nemam **vremena.** *Heute habe ich keine Zeit.*

N. sg.	vrijème	drúštv**o**
G.	vrȅmena	drúštv**a**
A.	vrijème	drúštv**o**

2. mórati *„müssen"*

● **Moram** ići u grad. *Ich muß in die Stadt gehen.*

mórām, mórāš, mórā; mórāmo, mórāte, mórajū

3. htjȅti *„wollen"*

● Idemo zajedno, ako **hoćeš**? *Wir gehen zusammen, wenn du willst?*

hòću, hȍćeš, hȍće; hòćemo, hòćete, hòće

4. si

● Moram **si** kupiti knjigu. – *Ich muß* mir *ein Buch kaufen.*

Mórām **si** kúpiti knjȉgu. – *Ich muß* mir *ein Buch kaufen.*
Mórāš **si** kúpiti knjȉgu. – *Du mußt* dir *ein Buch kaufen.*

Mórā	**si** kúpiti knjȉgu.	– *Er muß* sich *ein Buch kaufen.*
Mórāmo	**si** kúpiti knjȉgu.	– *Wir müssen* uns *ein Buch kaufen.*
Mórāte	**si** kúpiti knjȉgu.	– *Ihr müßt* euch *ein Buch kaufen.*
Mórajū	**si** kúpiti knjȉgu.	– *Sie müssen* sich *ein Buch kaufen.*

4C

1.

Kamo ideš danas? (Zagreb) – Danas idem u Zagreb.

a. Kamo ideš danas? (Zagreb) **b.** Kamo idete danas? (Karlovac) **c.** Kamo idemo danas? (Sarajevo) **d.** Kamo idu oni večeras? (grad) **e.** Kamo ide ona sutra? (grad)

2.

Ideš li pješice? (Ne, – autobusom) – Ne, ne idem pješice. Idem autobusom.

a. Ideš li pješice? (Ne, – autobusom) **b.** Ide li on pješice? (Ne, – autom) **c.** Idu li one pješice? (Ne, – autom) **d.** Idete li pješice? (Ne, – vlakom)

3.

Gdje čeka on? (auto) – On čeka u autu.

a. Gdje čeka on? (auto) **b.** Gdje čekate vi? (autobus) **c.** Gdje čekaju oni? (vlak) **d.** Gdje se nalazi knjižara? (grad) **e.** Gdje je auto? (grad) **f.** Gdje je tvoja kuća? (centar grada [!])

4.

Što gledaš tamo? (autobus) – Gledam autobus.

a. Što gledaš tamo? (autobus) **b.** Što gledate tamo? (auto) **c.** Što gledaju one tamo? (Zagreb) **d.** Što gleda ona tamo? (centar grada) **e.** Što čekaš tamo? (prijatelj [!])

5.

Što moraš kupiti danas? (knjiga) – Danas moram kupiti knjigu. Danas moram kupiti knjige.

a. Što moraš kupiti danas? (knjiga) **b.** Što morate kupiti danas? (košulja) **c.** Što moraju kupiti sutra? (novčanik)

6.

Ima li on vremena? (Ne) – Ne, on nema vremena. Da, on ima vremena.

a. Ima li on vremena? (Ne, ...) **b.** Imaš li ti vremena? (Da, ...) **c.** Imaju li oni vremena? (Da, ...) **d.** Imaju li one vremena? (Ne, ...) **e.** Imate li vi vremena? (Ne, ...)

7.

On ide u grad. – On mora ići u grad.

a. Ja idem u školu. **b.** Ona ide u Zagreb. **c.** Vi idete u školu. **d.** One idu u Karlovac.

8.

Što on mora kupiti? (knjiga) – On mora kupiti knjigu.

a. Što on mora kupiti? (knjiga) **b.** Što vi morate kupiti? (bilježnica) **c.** Što mi moramo kupiti? (lopta) **d.** Što one moraju kupiti? (auto [!]). **e.** Što ja moram kupiti? (novčanik [!])

9.

Moram si kupiti knjigu. (Ja) – Ja si moram kupiti knjigu.

a. Moram si kupiti knjigu. (Ja) **b.** Moramo si kupiti loptu. (Mi) **c.** Moraju si kupiti bilježnicu. (Oni; One)

10.

Moraš li si kupiti olovku? – Da, moram si kupiti olovku. Ne, ne moram si kupiti olovku.

a. Moraš li si kupiti olovku? (Da) **b.** Morate li si kupiti loptu? (Ne) **c.** Moraju li si kupiti auto? (Da) **d.** Moraju li si kupiti novčanik? (Ne)

11.

Što hoćeš ti? (olovka) – Hoću olovku.

a. Što hoćeš ti? (olovka) **b.** Što hoće on? (knjiga) **c.** Što hoćete vi? (lopta) **d.** Što hoće one? (auto) **e.** Što hoćemo mi? (ići u grad) **f.** Što hoću ja? (piti bijelo vino)

12.

Prijevod – Übersetzung

a. Ich muß heute in die Stadt gehen. **b.** Mußt du auch in die Stadt gehen? **c.** Muß er sich ein Buch kaufen? **d.** Nein, er muß sich kein Buch kaufen. Er muß sich ein Auto kaufen. **e.** Wir gehen zusammen in die Stadt, wenn du willst. **f.** Haben wir heute Zeit? **g.** Nein, wir haben keine Zeit. Heute nachmittag müssen wir einige Aufgaben lösen.

Boris i Nada kupuju knjige

5A

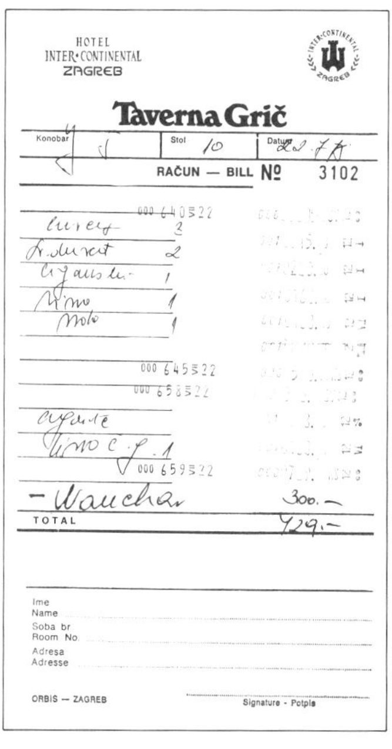

HOTEL INTER•CONTINENTAL ZAGREB

Taverna Grič

Konobar | Stol 10 | Datum

RAČUN — BILL № 3102

TOTAL

Ime / Name

Soba br / Room No.

Adresa / Adresse

ORBIS — ZAGREB

Signature - Potpis

Boris i Nada ulaze u knjižaru i pozdravljaju prodavačicu.

– Dobar dan!
– Dobar dan, što želite?
– Ja želim gramatiku i rječnik njemačkog jezika.
– Izvolite! Danas se morate sami poslužiti. Tamo, na desnoj strani se nalaze knjige za strane jezike. Ja Vam ne mogu pomoći jer sam jako zaposlena. Moje kolegice su naime bolesne.
– U redu, mi znamo gdje su knjige.
– Evo, gramatika je tu, ali ne možemo naći rječnik.
– Ah, šteta! Trenutno nema rječnika za njemački jezik.
Oprostite, možete li doći u petak još jedanput i pogledati da li su njemački rječnici tu?
– Dobro, hvala lijepo.
U petak moram ići također u banku.

Prijatelji se zahvaljuju i odlaze.

– Do viđenja.
– Do viđenja, do drugog puta!

Nada i Boris idu zatim na kavu u bar.
Boris pije radije pivo, ali u društvu je zadovoljan i s kavom.

5B

1. Prezent glagola s umetkom *-ov-* i *-iv-* – Präsens der Verben mit dem Infix *-ov-* und *-iv-*

● Oni **kupuju** knjige. *Sie kaufen Bücher.*
kup**ò**vati – *kaufen;* zahvalj**í**vati (se) – *sich bedanken*

kùpujem	kùpujemo	zahvàljujem se	zahvàljujemo se
kùpuješ	kùpujete	zahvàljuješ se	zahvàljujete se
kùpuje	kùpuju	zahvàljuje se	zahvàljuju se

2. Prezent nekih pravilnih i nepravilnih glagola – Präsens einiger regelmäßiger und unregelmäßiger Verben

● Oni **ulaze** u knjižaru. *Sie gehen in eine Buchhandlung hinein.*

ùlaziti – *eintreten, hineingehen*
znȁti – *wissen, können*
žèljeti – *wünschen*
pòzdravljati – *begrüßen*
mòći – *können*

ùlazīm	znâm	**žèlīm**	pòzdravljam	**mògu**
ùlazīš	znâš	**žèlīš**	pòzdravljaš	**mȍžeš**
ùlazī	znâ	**žèlī**	pòzdravlja	**mȍže**
ùlazīmo	znâmo	**žèlīmo**	pòzdravljamo	**mȍžemo**
ùlazīte	znâte	**žèlīte**	pòzdravljate	**mȍžete**
ùlazē	znâju	**žèlē**	pòzdravljaju	**mȍgū**

Die Infinitive enden vorwiegend auf *-ti* und seltener auf *-ći.*

3. Instrumental i Lokativ imenica ženskog roda – Instrumental und Lokativ der Feminina

● On je zadovoljan **s kavom.** *Er ist mit dem Kaffee zufrieden.*

N. sg.	kàv**a**	žèn**a**	knjìg**a**	prodavàčic**a**
L.	kàv**i**	žèn**i**	knjì**zi** *(g + i = z)*	prodavàčic**i**
I.	kàv**ōm**	žèn**ōm**	knjìg**ōm**	prodavàčic**ōm**

4.

● On je bole**stan**. *Er ist krank.* Ona je bole**sna**. *Sie ist krank.*

Dȍb**ar** òtac	*Der gute Vater*	Òtac je dȍb**ar**.	*Der Vater ist gut.*
Dòb**ra** mâjka	*Die gute Mutter*	Mâjka je dòb**ra**.	*Die Mutter ist gut.*
Dòb**ro** dijète	*Das gute Kind*	Dijète je dòb**ro**.	*Das Kind ist gut.*

Sg. dȍb**ar**, dòb**ra**, dòb**ro**; *Pl.* dȍb**rī**, dȍb**rē**, dȍb**rā**

Ôn je dȍb**ar**.	*Er ist gut.*	Òni su dȍb**rī**.	*Sie sind gut.*
Òna je dòb**ra**.	*Sie ist gut.*	Òne su dȍb**rē**.	*Sie sind gut.*
Òno je dòb**ro**.	*Es ist gut.*	Òna su dȍb**rā**.	*Sie sind gut.*

Die Adjektiva stimmen mit ihren Substantiven sowohl in attributiver als auch in prädikativer Stellung in Genus (Geschlecht), Numerus (Zahl) und Kasus (Fall) überein.
Zu *dob**ar**, do**br**a* vgl. im Anhang das Gesetz des beweglichen **a**.

5C

1.

Boris i Nada pozdravljaju (prodavačica) – Boris i Nada pozdravljaju prodavačicu.

a. Boris i Nada pozdravljaju (prodavačica) **b.** On pozdravlja (majka) **c.** Vi pozdravljate (prijateljica) **d.** Ona pozdravlja (prodavačice) **e.** One pozdravljaju (prijatelj) **f.** Mi pozdravljamo (brat) **g.** Ti pozdravljaš (profesor)

2.

Sutra poslije podne kupujem u knjižari knjige. – Sutra poslije podne kupujemo u knjižari knjige.

a. Sutra poslije podne kupujem u knjižari knjige. **b.** Kupuješ li danas u knjižari knjige? **c.** On ne kupuje danas knjige. **d.** Ona kupuje danas u školi knjige.

3.

Što kupuje on danas? (knjiga) – On kupuje knjige danas.

a. Što kupuje on danas? (knjiga) **b.** Što kupujete vi danas? (bilježnica) **c.** Što kupuje ona danas? (olovka) **d.** Što kupujemo mi danas? (knjiga, bilježnica i olovka)

4.

Ja se zahvaljujem i odlazim. (Mi) – Mi se zahvaljujemo i odlazimo.

a. Ja se zahvaljujem i odlazim. (Mi) **b.** Ona se zahvaljuje i odlazi. (One) **c.** On se zahvaljuje i odlazi. (Oni) **d.** Ti se zahvaljuješ i odlaziš. (Vi) **e.** Boris se zahvaljuje i odlazi. (Boris i Nada)

5.

Ne ideš li ti u (knjižara)? – Ne ideš li ti u knjižaru?

a. Ne ideš li ti u (knjižara)? **b.** Ne idemo li u (škola)? **c.** Ne idete li vi u (biblioteka)? **d.** Ne ide li ona danas u (kavana)?

6.

Ideš li danas u školu? (Ne – grad). – Ne, danas idem u grad.

a. Ideš li danas u školu? (Ne – Zagreb) **b.** Idemo li danas u biblioteku? (Ne – grad) **c.** Idete li danas u kavanu? (Ne – park) **d.** Idu li oni sutra u knjižaru? (Ne – bar)

7.

Znaš li gdje je biblioteka? (Ne, – on) – Ne, ja ne znam gdje je biblioteka, on zna.

a. Znaš li gdje je biblioteka? (Ne, – on) **b.** Zna li ona gdje je moj auto? (Ne, – ja) **c.** Znate li gdje je škola? (Ne, – oni) **d.** Znam li ja gdje je moja knjiga? (Ne, – ti)

8.

Sutra ne mogu ići u školu. Bolestan sam. – Sutra ne mogu ići u školu jer sam bolestan.

a. Sutra ne mogu ići u školu. Bolestan sam. **b.** Ona danas ne može ići u Zagreb. Bolesna je. **c.** Mi danas ne možemo ići u šumu. Bolesni smo. **d.** On ne može raditi. Pijan je. **e.** One ne znaju gdje je škola. Pijane su.

9.

On želi bijelo vino. (Što) – Što on želi?

a. On želi bijelo vino. (Što) **b.** Mi želimo crno vino. (Što) **c.** Oni žele kavu. (Što) **d.** Ona želi liker. (Što) **e.** Vi želite čaj. (Što)

10.

Ja ne pijem vino. (čaj) – Želim čaj.

a. Ja ne pijem vino. (čaj) **b.** Mi ne pijemo crno vino. (bijelo) **c.** One ne piju kavu. (liker) **d.** Oni ne piju vodu. (vino)

11.

On ima knjigu. – Zadovoljan je s knjigom. Ona ima knjigu. – Zadovoljna je s knjigom.

a. On ima knjigu. **b.** Ti imaš prijateljicu. **c.** Ona ima loptu. **d.** On ima ženu.

12.

Oni imaju knjigu.	– Zadovoljni su s knjigom.
One imaju knjigu.	– Zadovoljne su s knjigom.

a. Oni imaju knjigu. **b.** Vi pijete kavu. **c.** One piju vodu. **d.** Oni imaju loptu.

13.

Prijevod – Übersetzung

a. Wollen wir heute in die Buchhandlung gehen? Ich muß mir nämlich die deutsche Grammatik für die Schule kaufen. **b.** Gehst du heute auf einen Kaffee in die Cafébar? Ich warte in der Bar auf die Freunde. Du kannst auch kommen, wenn du willst. **c.** Ich kann nicht kommen. **d.** Ich trinke lieber Bier.

U restoranu

6A

Ivan Milić ide večeras sa svojom obitelju u restoran na večeru.
On je već spreman.
Marijana, njegova žena, je također spremna. Oni polaze točno u osam sati.

Marijana i Ivan imaju kćerku i dva sina. Njihova kćerka ima šest godina; jedan sin ima deset a drugi dvanaest godina.

– Dobro veče! – pozdravlja Ivan konobara. – Je li onaj stol tamo kod prozora slobodan? – pita Ivan.
– Dobro veče! Stol je slobodan, izvolite sjesti! – odgovara konobar.

Gosti sjedaju za stol, čitaju jelovnik i naručuju.
Ivanova žena naručuje bijelo vino i teleći odrezak s rižom i salatom.
Ivan naručuje crno vino i ribu.
Vesna, njihova kćerka, nije jako gladna.
Ona naručuje samo jagode sa sladoledom i voćni sok.

Mladen i Marko ne jedu ništa.
– Zašto nećete ništa? – pita Vesna.
– Nećemo jer nismo gladni! – odgovaraju oni u jedan glas.

Konobar donosi jelo.
– Dobar tek!
– Hvala.

Marko zabavlja Vesnu, a Mladen krade njezine jagode.
Vesna plače.
– Zašto plačeš? – pita mama.
– Mladen je lopov, mama, krade moje jagode, a kaže da nije gladan.
Vesna naručuje još jedanput jagode.

HOTEL
INTER•CONTINENTAL
ZAGREB

Molimo označite vrstu i količinu konzumacija koju ste izabrali

INTER. CONTI ZAJUTRAK	INTER. CONTI FRÜHSTICK
Broj osoba ___	Nummer der Personen ___
☐ Filter kava ☐ Vrhnje ☐ Mlijeko	☐ Kaffeefilter ☐ Sahne ☐ Milch
☐ Čaj ☐ Limun ☐ Mlijeko	☐ Tee ☐ Citrone ☐ Milch
☐ Čokolada	☐ Schokolade
☐ S maslacem, đemom, medom, i pecivom iz naše pekare ___ 53 Din.	☐ Mit Butter, Konfitüre, Honig und Brätchen aus unserer Bäckerei ___ 53 Din.
JELA PO NARUDŽBI	A LA CARTE
☐ Filter kava	☐ Kaffee filter
☐ Espresso	☐ Kaffee Espresso
☐ Mlijeko ☐ Vrhnje ___ 15 Din.	☐ Milch ☐ Sahne ___ 15 Din.
☐ Čaj ☐ Limun ☐ Mlijeko ___ 15 Din.	☐ Tee ☐ Citorone ☐ Milch ___ 15 Din.
☐ Čokolada ___ 15 Din.	☐ Schokolade ___ 15 Din.
☐ Maslac ☐ Đem ☐ Med ___ 11 Din.	☐ Butter ☐ Konfitüre ☐ Honig ___ 11 Din.
VOĆNI SOKOVI	FRUCHTSAFT
☐ Sok od naranče ___ 28 Din.	☐ Orangensaft ___ 28 Din.
☐ Sok od grapefruita ___ 28 Din.	☐ Grapefruitsaft ___ 28 Din.
☐ Sok od rajčice ___ 28 Din.	☐ Tomatensaft ___ 28 Din.
☐ 1/2 Grapefruita ___ 31 Din.	☐ 1/2 Grapefruit ___ 31 Din.
CEREALS	CEREALS
☐ Kašica od zobnih pahuljica	☐ Porridge
☐ Kukuruzne krpice	☐ Corn Flakes
☐ Mlijeko ☐ Vrhnje ___ 30 Din.	☐ Milch ☐ Sahne ___ 30 Din.
JAJA (2)	EIER (2)
☐ Pečena ___ 27 Din.	☐ Gebackene ___ 27 Din.
☐ Kajgana ___ 27 Din.	☐ Rühreier ___ 27 Din.
☐ Poširana ___ 27 Din.	☐ Poschierdeier ___ 27 Din.
☐ Kuhana ___ Min ___ 24 Din.	☐ Gekochtes ___ Min ___ 24 Din.
S	MIT
☐ Šunkom ___ 50 Din.	☐ Schinken ___ 50 Din.
☐ Slaninom ___ 50 Din.	☐ Speck ___ 50 Din.
☐ Kobasicama ___ 50 Din.	☐ Würstschen ___ 50 Din.
OMLET (3)	OMELETTEN (3)
☐ Naravni ___ 50 Din.	☐ Natur ___ 50 Din.
☐ Šunka ___ 50 Din.	☐ Schinken ___ 50 Din.
☐ Slanina ___ 50 Din.	☐ Speck ___ 50 Din.
☐ Sir ___ 50 Din.	☐ Käse ___ 50 Din.
☐ Špinatom ___ 50 Din.	☐ Schpinat ___ 50 Din.
☐ Pecivo, brioši ___ 10 Din.	☐ Brötchen, Brioches ___ 10 Din.
☐ Croissants ___ 11 Din.	☐ Croissants ___ 11 Din.
20% Servis nije uključen	20% Servies nicht inbegrifen
Datum ___	Datte ___
Soba ___	Zimmer ___

	7.00-7.30	7.30-8.00	8.00-8.30
8.30-9.00	9.00-9.30	9.30-10.00	

(Molimo zaokružite vrijeme) (Bitte die Zeit auszenchnen)

Vaš potpis ___ Ihre Unterschrift ___

6B

1. Posvojne zamjenice – Possessivpronomina

	Singular			*Plural*			
	m.	*f.*	*n.*	*m.*	*f.*	*n.*	
(jâ)	môj	mòja	mòje	mòji	mòje	mòja	*mein*
(tî)	tvôj	tvòja	tvòje	tvòji	tvòje	tvòja	*dein*
(ôn, òno)	njègov	njègova	njègovo	njègovi	njègove	njègova	*sein*
(òna)	njézin	njézina	njézino	njézini	njézine	njézina	*ihr*
(mî)	nȁš	nȁša	nȁše	nȁši	nȁše	nȁša	*unser*
(vî)	vȁš	vȁša	vȁše	vȁši	vȁše	vȁša	*euer*
(òni, òne, òna)	njȉhov	njȉhova	njȉhovo	njȉhovi	njȉhove	njȉhova	*ihr*

2. Povratno – posvojna zamjenica – Rückbezügliches Possessivpronomen

● **Ivan** ide večeras sa **svojom** obitelju u restoran.
Ivan geht heute abend mit seiner Familie in ein Restaurant.

Sg. m.	*f.*	*n.*	*Pl. m.*	*f.*	*n.*
svôj	svòja	svòje	svòji	svòje	svòja

Jâ čìtām **svòju** knjȉgu. – *Ich lese* mein *Buch.*
Tî čìtāš **svòju** knjȉgu. – *Du liest* dein *Buch.*
Ôn / **Òna** / **Òno** čìtā **svòju** knjȉgu. – *Er liest* sein *Buch.* – *Sie liest* ihr *Buch.* – *Es liest* sein *Buch.*
Mî čìtāmo **svòju** knjȉgu. – *Wir lesen* unser *Buch.*
Vî čìtāte **svòju** knjȉgu. – *Ihr lest* euer *Buch.*
Òni / **Òne** / **Òna** čìtajū **svòju** knjȉgu. – *Sie lesen* ihr *Buch.*

Tô je **mòja** knjȉga. – *Das ist mein Buch.*
Jâ ìmām **svòju** knjȉgu. – *Ich habe mein Buch.*

Tô je **tvôj** prȉjatelj.	**Tȋ** ìmāš **svòjeg** prȉjatelja.
Das ist dein Freund.	*Du hast deinen Freund.*
Tô je **nȁša** prijatèljica.	**Mȋ** ìmāmo **svòju** prijatèljicu.
Das ist unsere Freundin.	*Wir haben unsere Freundin.*
usw.	

Das rückbezügliche Possessivpronomen wird verwendet, wenn der Besitzer mit dem Subjekt des Satzes identisch ist.

3. *s, sa* – mit

- On ide **s** obitelju u restoran.
  Er geht mit der Familie in ein Restaurant.
- On ide **sa** svojom obitelju u restoran.
  Er geht mit seiner Familie in ein Restaurant.

4. Brojevi – Zahlen

1 jèdan, jèdna, jèdno	11 jedànaest	21 dvádesēt i jèdan
2 dvâ, dvȉje	12 dvánaest	30 trídesēt
3 trȋ	13 trínaest	31 trídesēt i jèdan
4 čètiri	14 četȓnaest	40 četrdèsēt
5 pêt	15 pètnaest	50 pedèsēt
6 šêst	16 šèsnaest	60 šezdèsēt
7 sȅdam	17 sedàmnaest	70 sedamdèsēt
8 ȍsam	18 osàmnaest	80 osamdèsēt
9 dȅvēt	19 devètnaest	90 devedèsēt
10 dȅsēt	20 dvádesēt	100 stô

101 stô jèdan	600 šêststō	1 100 tȉsuću stô
121 stô dvádesēt i jèdan	700 sȅdamstō	2000 dvȉje tȉsuće
200 dvjȅsto	800 ȍsamstō	5000 pêt tȉsūćā
300 trȉsto	900 dȅvetstō	100000 stô tȉsūćā
400 čètiristō	1000 tȉsuća	200000 dvjȅsto tȉsūćā
500 pêtstō	1001 tȉsuću jèdan	1000000 milìjūn

Nach den Zahlen werden folgende Fälle gebraucht:			
1	+ Nominativ oder Akkusativ	– jedna knjiga	– *ein Buch*
2, 3, 4	+ Genitiv Singular	– tri knjige	– *drei Bücher*
5 und größer	+ Genitiv Plural	– pet knjiga	– *fünf Bücher*

5.

plȁkati – *weinen*
krȁsti – *stehlen*
jȅsti – *essen*
naručívati – *bestellen*
kázati – *sagen*

plȁčēm	krádēm	jȅdēm	narȕčujēm	**kȃžēm**
plȁčēš	krádēš	jȅdēš	narȕčujēš	**kȃžēš**
plȁčē	krádē	jȅdē	narȕčujē	**kȃžē**
plȁčēmo	krádēmo	jȅdēmo	narȕčujēmo	**kȃžēmo**
plȁčēte	krádēte	jȅdēte	narȕčujēte	**kȃžēte**
plȁčū	krádū	jȅdū	narȕčujū	**kȃžū**

6. Negativni oblik prezenta od *htjȅti* **– Negative Präsensform des Verbs** *htjȅti* **„wollen"**

● Zašto **nećete** ništa? *Warum wollt ihr nichts?*

néću *(ich will nicht)*, nȇćeš, nȇće, nećemo, nȇćete, néćē

6C

1.

Moj prijatelj ide u grad. – Moji prijatelji idu u grad.

a. Moj prijatelj ide u grad. **b.** Moja sestra čita pismo. **c.** Tvoja knjiga je na stolu. **d.** Tvoja čaša je na stolu. **e.** Tvoj profesor je u školi. **f.** Njegova olovka ne piše. **g.** Njegova kuća se nalazi u gradu. **h.** Njegov prijatelj je konobar. **i.** Njezina soba je velika. **j.** Njezin rječnik je kod kuće. **k.** Naša majka je bolesna. **l.** Naša knjiga nije na stolu. **m.** Naš autobus dolazi u pet sati. **n.** Gdje je vaša lopta? **o.** To je Vaša ulica. **p.** Je li to vaš novčanik? **q.** Njihova kćerka ima deset godina. **r.** Njihov prijatelj pije samo crno vino.

2.

Je li to moja knjiga? (Ne – tvoja) – Ne, to je tvoja knjiga.

a. Je li to moja knjiga? (Ne – tvoja) **b.** Je li to njegova bilježnica? (Ne – njezina) **c.** Je li to naš auto? (Ne – vaš) **d.** Je li to njihov prijatelj? (Ne – naš) **e.** Je li to njezin rječnik? (Ne – njegov)

3.

Hoćeš li moju olovku? (Neću) – Neću, ja imam svoju (Ne, ja imam svoju olovku).

a. Hoćeš li moju olovku? (Neću) **b.** Hoćete li naš auto? (Nećemo) **c.** Hoće li ona njegovu loptu? (Neće) **d.** Hoće li oni naš sat? (Neće)

4.

2 + 3 = 5 – Dva plus tri jednako je pet.

a. 2 + 3 = 5 **b.** 8 + 7 = 15 **c.** 9 + 8 = 17 **d.** 6 + 7 = 13 **e.** 4 + 10 = 14 **f.** 20 + 30 = 50 **g.** 30 + 40 = 70 **h.** 60 + 20 = 80 **i.** 30 + 60 = 90 **j.** 90 + 10 = 100

5.

5 — 2 = 3 – Pet minus dva jednako je tri.

a. 5 — 2 = 3 **b.** 20 — 15 = 5 **c.** 18 — 3 = 15 **d.** 19 — 6 = 13 **e.** 90 — 20 = 70 **f.** 28 — 7 = 21 **g.** 36 — 8 = 28 **h.** 125 — 10 = 115

6.

3 · 3 = 9 – Tri puta tri jednako je devet.

a. 3 · 3 = 9 **b.** 6 · 5 = 30 **c.** 8 · 8 = 64 **d.** 20 · 5 = 100 **e.** 7 · 7 = 49 **f.** 10 · 5 = 50

7.

6 : 2 = 3 – Šest kroz dva jednako je tri.

a. 6 : 2 = 3 **b.** 9 : 3 = 3 **c.** 50 : 5 = 10 **d.** 100 : 10 = 10 **e.** 40 : 5 = 8 **f.** 81 : 9 = 9

8.

Što naručuje on? (vino) – On naručuje vino.

a. Što naručuje on? (vino) **b.** Što naručuje njegova žena? (kava) **c.** Što naručuje Vesna? (jagode) **d.** Što naručujete? (pivo) **e.** Što naručuju oni? (riba)

9.

Ja imam knjigu (roman). – Ja čitam svoju knjigu (svoj roman).

a. Ja imam knjigu. **b.** On ima knjigu. **c.** Ti imaš knjigu. **d.** Ona ima knjigu. **e.** Mi imamo roman. **f.** One imaju roman. **g.** Vi imate roman. **h.** Oni imaju roman.

10.

On jede ribu, a mi ... salatu. – On jede ribu, a mi jedemo salatu.

a. On jede ribu, a mi ... salatu. **b.** Oni jedu meso, a one ... kolače. **c.** Mi jedemo rižu, a vi ... krumpir. **d.** Ja jedem teleći odrezak, a ti ... svinjsko pečenje. **e.** On pije vodu, a ona ... liker. **f.** Mi pijemo pivo, a vi ... sok.

11.

Ona plače. On krade njezine jagode. – Ona plače jer on krade njezine jagode.

a. Ona plače. On krade njezine jagode. **b.** Ti plačeš. Ja kradem tvoje jagode. **c.** Vi plačete. Mi krademo vaše jagode. **d.** One plaču. Oni kradu njihove jagode.

12.

Prijevod – Übersetzung

a. Wir gehen in ein Restaurant und bestellen ein Bier, Kalbsschnitzel und einen Kaffee. **b.** Sie weint, weil sie krank ist. **c.** Wir essen nichts, weil wir keinen Hunger haben. **d.** Sie wollen nicht essen, weil sie keinen Hunger haben. **e.** Willst du mein Buch? Nein, ich habe meins (mein Buch). **f.** Er fährt (geht!) nicht mit dem Bus, weil er ein Auto hat. **g.** Ich habe mein, du dein und er hat sein Buch. **h.** Dein Bruder ist zu Hause. Er liest sein Buch.

Test 1

A. sam (1), si (2), je (3), smo (4), ste (5), su (6)

a. Ja … danas kod kuće. **b.** Boris … danas u školi. **c.** Gdje … ona večeras **d.** On … večeras u restoranu. **e.** Ti … u školi **f.** Vi … u šumi. **g.** To … moji prijatelji. **h.** To … njegova prijateljica. **i.** Mi … večeras kod kuće.

B. Jesam (1), Jest (2), Jesmo (3), Jesu (4)

a. Jesi li danas kod kuće? … **b.** Je li to tvoj prijatelj? … **c.** Jesu li tvoji roditelji danas u gradu? … **d.** Jesmo li danas poslije podne kod kuće? …

C. nisam (1), nisi (2), nije (3), nismo (4), niste (5), nisu (6)

a. On … bolestan. **b.** Mi … danas u školi. **c.** Ona … njegova prijateljica. **d.** To … njegovi roditelji **e.** Vi … večeras u parku **f.** Ti … pijan. **g.** Ja … pijana.

D. Borisov (1), Borisova (2), Borisovi (3), Borisove (4)

a. To su … prijatelji. **b.** Jesu li to … roditelji? **c.** Gdje je … otac? **d.** Nije li to … majka? **e.** Gdje su … knjige? **f.** To nije … rječnik.

E. Nadin (1), Nadina (2), Nadini (3), Nadine (4)

a. Zašto nije tu … prijatelj? **b.** Gdje je … sestra? **c.** To nije … brat. **d.** Nisu li to … knjige? **e.** … rječnici.

F. imam (1), imaš (2), ima (3), imamo (4), imate (5), imaju (6)

a. Ona … deset godina. **b.** On … danas rođendan. **c.** Ja … dva prijatelja. **d.** Mi … mnogo prijatelja i prijateljica. **e.** One … svoju kuću. **f.** Vi … danas rođendan. **g.** Ti … dvadeset godina.

G. nemam (1), nema (2), nemamo (3), nemaju (4)

a. One danas … vremena. **b.** Mi večeras … vremena. **c.** On sutra … vremena. **d.** Imaš li danas vremena? Ne, ja … danas vremena.

H. čeka (1), čekate (2), čekaju (3)

a. Ona … u gradu. **b.** Boris … kod kuće. **c.** One … na ulici. **d.** Ja ne znam gdje vi … **e.** Mi dolazimo, ako vi …

I. pije (1), pijemo (2), piju (3), ne pijem (4)

a. Piješ li ti vino? Ne, ja … **b.** Mi … samo bijelo, a one … samo crno vino. **c.** On ne pije liker, on … crno vino.

J. misli (1), mislite (2), mislimo (3)

a. Boris … da je ona pijana. **b.** Vi … da sam ja bolesna. **c.** Zašto on … da sam ja pijan? **d.** Vi … da sam ja kod kuće. **e.** Što … on? **f.** Mi … da on čeka svoje prijatelje.

K. idete (1), idemo (2), idu (3), ideš (4)

a. Vi … danas u kino. **b.** Ne, mi ne … danas u kino, mi … večeras. **c.** Kamo … one danas poslije podne? **d.** Ako vi … večeras u kino, … i mi. **e.** Kamo …?

L. zabavljaš (1), zabavlja (2), zabavljaju (3), se zabavljamo (4), zabavljaju se (5)

a. Mladen … Vesnu. **b.** Oni plešu i … **c.** Mi … samo subotom. **d.** Prijatelji … svoje prijateljice. **c.** Zašto se ti ne …?

M. grada (1), novčaniku (2), autobusu (3), autobusom (4), autom (5), Zagreb (6)

a. Danas idem … u grad. **b.** On ide u grad svojim … **c.** Ona ide pješice u … **d.** Novac je u … **e.** Njegova kuća se nalazi u centru … **f.** Mi čekamo u …

N. sestra (1), roditelji (2), Nadu (3), knjigu (4), Nado (5)

a. Boris voli … **b.** …, kamo ideš? – pita Boris. **c.** On ima svoju … **d.** Njegova … je kod kuće. **e.** Gdje su tvoji …? **f.** On ima sestru. Njegova … je bolesna.

O. društvo (1), vrijeme (2), vremena (3)

a. Oni vole Nadino … **b.** Danas nemamo … **c.** Ako nemaš …, idemo autobusom. **d.** Danas je lijepo … **e.** … je novac. **f.** Njezino … je u formi.

P. moraju (1), moramo (2), mora (3), morate (4)

a. Ona … ići u grad pješice. **b.** On si … kupiti knjigu. **c.** Zašto one … danas ići u grad? **d.** Ja mislim da vi ne … ići u grad ako nemate vremena. **e.** Zašto si mi … kupiti auto? **f.** Njegovi roditelji … raditi.

Q. kupujete (1), znaju (2), hoće (3), pozdravljaju (4), žele (5), ulazimo (6)

a. Ti hoćeš bijelo vino. Što … oni? **b.** Nada i Boris … prodavačicu. **c.** Oni … njemačku gramatiku. **d.** Mi … u restoran. **e.** Oni … da je stol slobodan. **f.** Gdje vi … knjige?

R. dobar (1), bolesna (2), pijane (3), bolesni (4)

a. Moj otac je … **b.** Njegova sestra je … **c.** Naši roditelji su … **d.** One su večeras …

S. njezin (1), moja (2), tvoj (3), njihovi (4), njegova (5)

a. On kaže da je to … lopta. **b.** One misle da su to … prijatelji. **c.** Ja mislim da je to … knjiga. **d.** Nada kaže da je to … otac. **e.** Ti kažeš da je … prijatelj u gradu.

T. svoje (1), njegova (2), njegov (3), svoju (4)

a. To su Boris i … prijatelj. Oni čitaju. Boris čita … knjigu, a njegov prijatelj … **b.** Branko ima prijateljicu. … prijateljica je trenutno u gradu. **c.** Oni idu u park. Na ulici pozdravljaju … prijatelje.

U. godine (1), godina (2)

a. Moj prijatelj ima dvadeset … **b.** Njegova prijateljica ima osamnaest … **c.** Naša kćerka ima već tri … **d.** Vaš brat ima danas pet … **e.** Njezin brat ima četiri …

V. s (1), sa (2)

a. On ide u grad … bratom. **b.** Ona ide u park … sestrom. **c.** Danas idemo … prijateljem u šumu. **d.** Ja sam danas kod kuće … svojom obitelju.

7A

Na plaži

Boris i Branko su danas poslije podne na plaži.
Leže na pijesku, razgovaraju o vremenu i razmišljaju što će sutra poduzeti.

– Hoćeš li i sutra doći na plažu? – pita Branko Borisa.
– Doći ću ako ostane lijepo vrijeme i ako ne pođem sa svojim roditeljima na vikend.
– Mi možemo i sami provesti vikend! – nastavlja Branko. Ja ću povesti svoju prijateljicu i nekoliko prijatelja. Ti možeš također povesti svoje prijatelje i prijateljice. Ako nemaš prijatelja, možeš pozvati svoje rođake i rođakinje.
– Odlična ideja! Pozvat ću svoje prijatelje i rođake. Kupit ćemo svježe meso, uzet ćemo čamac pa ćemo otići na onaj mali otočić. Tamo ćemo pripraviti piknik i provesti naš vikend. Možeš li ti nabaviti piće?
– Slažem se s prijedlogom. Vidjet ćemo se sutra.

Prijatelji ostaju pri tome i odlaze kući.

1. Futur I – Futur I

7B

Potvrdni oblik – Affirmative Form

a) Naglašeni oblik – Betonte Form

- Ja **ću povesti** sa sobom svoje prijatelje.
  Ich werde meine Freunde mitnehmen.
- Ja **ću povesti** – *Ich werde mitnehmen*
- Ja ću doći. – *Ich werde kommen.*

jâ **ću** pòvesti *ich werde mitnehmen*	jâ **ću** dóći *ich werde kommen*
tî **ćeš** pòvesti	tî **ćeš** dóći
ôn (òna, òno) **će** pòvesti	ôn (òna, òno) **će** dóći
mî **ćemo** pòvesti	mî **ćemo** dóći
vî (Vi) **ćete** pòvesti	vî (Vi) **ćete** dóći
òni (òne, òna) **će** pòvesti	òni (òne, òna) **će** dóći

Das Futur I wird aus der unbetonten Form des Präsens des Verbs *htjȅti* „wollen" *(ću, ćeš, će, ćemo, ćete, će)* und dem Infinitiv gebildet.

b) Nenaglašeni oblik – Unbetonte Form

- **Povest ću** i ja svoje prijatelje.
  Ich werde auch meine Freunde mitnehmen.

pòvest ću	pòvest ćemo	dóć**i** ću	dóć**i** ćemo
pòvest ćeš	pòvest ćete	dóć**i** ćeš	dóć**i** ćete
pòvest će	pòvest će	dóć**i** će	dóć**i** će

Wenn der Infinitiv vor dem Präsens vom Verb *htjȅti* „wollen" steht, verliert er die Endung *-i*.
Die Verben, die auf *-ći* enden (*reći* „sagen") verlieren diese Endung nicht.

2. Negativni oblik – Verneinende Form

● **Neću povesti** svoje prijatelje sa sobom.
Ich werde nicht meine Freunde mitnehmen.

néću pòvesti	nećemo pòvesti	néću dóći	nećemo dóći
nêćeš pòvesti	nêćete pòvesti	nêćeš dóći	nêćete dóći
nêće pòvesti	néćē pòvesti	nêće dóći	néćē dóći

3. Upitni oblik – Fragende Form

● **Hoćeš li doći** sutra na plažu?
Wirst du morgen zum Strand kommen?

hòću li pòvesti	hòćemo li pòvesti	hòću li dóći	hòćemo li dóći
hȍćeš li pòvesti	hòćete li pòvesti	hȍćeš li dóći	hòćete li dóći
hȍće li pòvesti	hòćē li pòvesti	hȍće li dóći	hòćē li dóći

Die fragende Form wird aus der betonten Form des Präsens von *htjeti* und dem Fragepartikel *li* und Infinitiv gebildet.

4. Upitno negativni oblik – Fragend-verneinende Form

● **Nećeš li doći** sutra na plažu?
Wirst du nicht morgen zum Strand kommen?

néću li dóći, nêćeš li dóći, nêće li dóći, …

5. Deklinacija imenica ženskog roda na *-a* – Deklination der Feminina mit der Endung *-a*

	Singular		*Plural*	
N.	pláž**a**	knjȉg**a**	pláž**e**	knjȉg**e**
G.	pláž**ē**	knjȉg**ē**	pláž**ā**	knjîg**ā**

	Singular		*Plural*	
D.	pláž**i**	knjȉz**i**	pláž**ama**	knjȉg**ama**
A.	pláž**u**	knjȉg**u**	pláž**e**	knjȉg**e**
V.	plâž**o**	knjȉg**o**	plâž**e**	knjȉg**e**
L.	pláž**i**	knjȉz**i**	pláž**ama**	knjȉg**ama**
I.	pláž**ōm**	knjȉg**ōm**	pláž**ama**	knjȉg**ama**

Beachte: **g** vor **i** wird zu **z**
k vor **i** wird zu **c** } Im Dativ und Lokativ Singular
h vor **i** wird zu **s**

Beachten Sie die Ausnahmen!

6. Glagolski vid – Die Kategorie des Aspektes

Nach der Kategorie des Aspektes werden die Verben in vollendete und unvollendete eingeteilt. Die vollendeten Verben *(vo.)* drücken eine Aktion aus, die in einem bestimmten Augenblick vollendet ist, oder die nur einen einmaligen, momentanen Charakter hat. Die unvollendeten Verben dagegen drücken das Andauern oder das Wiederholen einer Aktion aus. Die vollendeten Verben werden im Präsens vorwiegend in untergeordneten Sätzen gebraucht: *Ako mi* **kupiš** *knjigu, pozvat ću te u kino.* „Wenn du mir ein Buch kaufst, werde ich dich ins Kino einladen."
Dagegen: *Oni* **kupuju** *knjige.* „Sie kaufen Bücher."
Kupiti (vo.), Präs. *kupim* – bezeichnet die Einmaligkeit der Aktion des Kaufens, *kupovati* (unvo.), Präs. *kupujem* – bezeichnet den Vorgang des Kaufens als eine andauernde Aktion. So kann man den Satz *On je u gradu i kupuje knjige.* „Er ist in der Stadt und kauft Bücher." nicht mit dem Präsens von *kupiti* ausdrücken, da die Aktion des Kaufens noch andauert, d.h. noch nicht vollendet ist.
Hingegen kann man den Satz *Ako mi kupiš knjigu, pozvat ću te u kino* nicht mit dem Präsens von *kupovati* ausdrücken, da dadurch die Einmaligkeit oder die Vollendung der Aktion verloren ginge, und der Sinn des Satzes sich verändern würde. *Kupovati* heißt also „einkaufen gehen, versuchen zu kaufen, immer wieder kaufen", das Resultat ist aber noch nicht unbedingt vorhanden, jedenfalls noch nicht abgeschlossen.

ASPEKTPAARE

Vollendet:		Unvollendet:		
Inf.	*Präs.*	*Inf.*	*Präs.*	
ràzmisliti	ràzmislīm	razmíšljati	ràzmīšljām	*überlegen*
podùzēti	pòduzmēm	podùzimati	podùzimām	*unternehmen*
dóći	dôđēm	dòlaziti	dòlazīm	*kommen*
òstati	òstanēm	òstajati	òstajēm	*bleiben*
póći	pôđēm	pòlaziti	pòlazīm	*aufbrechen, gehen*
pròvesti	provèdēm	provòditi	pròvodīm	*verbringen*
kúpiti	kûpīm	kupòvati	kùpujēm	*kaufen*
nàbaviti	nàbavīm	nàbavljati	nàbavljām	*besorgen*
òtīći	òtīđēm	òdlaziti	òdlazīm	*(weg)gehen*

Wenn es für die Aktion dieser beiden Aspekte kein eigenständiges Verb gibt, dann wird es mit einem Suffix oder Präfix gebildet.

7C

1.

Ja ću povesti svoje prijatelje. – Povest ću svoje prijatelje.

a. Ja ću povesti svoje prijatelje. **b.** Ti ćeš kupiti meso i vino. **c.** On će uzeti Borisov čamac. **d.** Mi ćemo danas ostati tamo. **e.** Oni će također doći u kino. **f.** Vi ćete se pripremiti za piknik. **g.** Ona će si kupiti knjigu. **h.** One će pozvati prijatelje. **i.** Vi ćete nabaviti piće.

2.

Tvoja prijateljica će također doći na plažu. – Tvoja prijateljica neće doći na plažu.

a. Tvoja prijateljica će također doći na plažu. **b.** Ja ću doći sutra autom u grad. **c.** Vratit ćemo se večeras. **d.** Vi ćete se pripremiti za sutra ako ostane lijepo vrijeme. **e.** Mi ćemo pozvati tvoje roditelje. **f.** On će ostati sutra na plaži.

3.

On neće sutra doći na plažu. – Hoće li on doći sutra na plažu?

a. On će sutra doći na plažu. **b.** On će sutra kupiti svježe meso. **c.** Ona će možda otići s roditeljima u kino. **d.** Ja ću se sutra vratiti. **e.** Mi ćemo sutra provesti dan na plaži. **f.** Ti ćeš povesti prijatelja na plažu. **g.** Vi ćete kupiti sutra auto.

4.

Hoćeš li ići sutra na onaj otok? – Nećeš li ići sutra na onaj otok?

a. Hoćeš li ići sutra na onaj otok? **b.** Hoćemo li kupiti meso i crno vino za piknik? **c.** Hoćete li vi provesti dan na plaži? **d.** Hoće li tko doći na plažu? **e.** Hoće li se on vratiti danas kući? **f.** Hoće li on dati Nadi svoj čamac? **g.** Hoće li one sutra doći u restoran? **h.** Hoćeš li kupiti onaj čamac?

5.

On ide danas u kino. – On će ići sutra u kino.

a. On ide danas u kino. **b.** Ona pije bijelo vino. **c.** Vi kupujete knjige u knjižari. **d.** Mi idemo autobusom u grad. **e.** U parku ostajemo dva sata. **f.** Vrijeme je lijepo. **g.** Oni se razgovaraju o vremenu.

6.

To je šuma. – Oni se razgovaraju o šumi.

a. To je šuma. **b.** To je knjiga. **c.** To je škola. **d.** To je lopta. **e.** To je žena. **f.** To je bilježnica.

7.

Gdje je tvoj prijatelj? (škola) – On je danas u školi.

a. Gdje je tvoj prijatelj? (škola) **b.** Gdje su vaši roditelji? (šuma) **c.** Gdje je njegova sestra? (kuća) **d.** Gdje je moja knjiga? (škola)

8.

Što radi ona? (sestra) – Ona daje poklon sestri.

a. Što radi ona? (sestra) **b.** Što radi on? (majka!) **c.** Što radi on? (žena) **d.** Što radite Vi? (Nada)

9.

On ide u kino s prijateljicom. – On ide u kino s prijateljicama.

a. On ide u kino s prijateljicom. **b.** Mi idemo u školu sa sestrom. **c.** Oni idu u šumu sa ženom. **d.** One idu u restoran s majkom.

10.

Oni se razgovaraju o knjizi. – Oni se razgovaraju o knjigama.

a. Oni se razgovaraju o knjizi. **b.** Oni se razgovaraju o prijateljici. **c.** Ona se razgovara o majci. **d.** Mi se razgovaramo o školi. **e.** Ja se razgovaram o šumi.

11.

Sutra kupujem auto. – On hoće da ja danas kupim auto.

a. Sutra kupujem auto. **b.** Sutra kupuješ knjige. **c.** Sutra kupujemo loptu. **d.** Sutra odlazim u Zagreb. **e.** Sutra nabavljam vino i meso za piknik. **f.** Sutra ostajem kod kuće. **g.** Sutra razmišljamo o školi.

12.

Prijevod – Übersetzung

a. Willst du morgen zum Strand kommen? **b.** Ich werde kommen, wenn das Wetter schön bleibt. **c.** Wer wird für das Picknick Fleisch und Wein besorgen? **d.** Wirst du deine Freunde einladen? **e.** Nein, ich werde nicht meine Freunde einladen. Ich werde meine Eltern einladen. **f.** Ich werde nur meine Freundinnen einladen. **g.** Warum wird sie nicht kommen? **h.** Ich werde kommen, wenn du deine Schwester einlädst. **i.** Wir bleiben dabei und gehen nach Hause.

8A

Izlet

Boris, Branko, Nada, njihovi prijatelji i prijateljice, kolege i kolegice te njihova rodbina kreću u subotu rano, upravo pri izlasku sunca, na izlet.

Mjesto sastanka je riječka luka. Brodar sa svojim malim brodićem očekuje izletnike.
U malom brodiću ima mjesta za trideset osoba.
Izletnici ulaze u brod, pozdravljaju vlasnika broda te se udaljuju od obale.
Njihov cilj je otok Cres. To je prilično velik otok. Dosta dobro je nastanjen.
On je dosta udaljen od riječkog zaljeva. Izletnici trebaju jedan dobar sat vožnje brodom do Cresa.

Vrijeme je mirno, more čisto i plavo.
Dvije djevojke razgovaraju o izletu i dive se moru.

– More je danas divno! – kaže jedna.
– Krasno je! Ja volim mirno i bistro more. – nastavlja druga.
– Ja volim također mirno more, osobito kad se nalazim na brodu. Ali ja rado promatram i uzburkano more, naravno kad sam na obali. Nemirno more je tajanstveno.
– Ja se bojim mora kad je uznemireno. Stalno mislim na morske pse i putnike koji se nalaze na otvorenoj pučini.
– Upravo ulazimo u luku! – viče Jasna.
– Pa ova luka je prazna!
– Da, to je ribarsko naselje. Ribari sada nisu tu. Oni prodaju danju svoje ribe, a noću idu u lov.

Brodić se približava lagano obali, izletnici izlaze, udišu svjež zrak i pokušavaju pronaći zgodno mjestance za svoj piknik.

8B

1. Deklinacija imenica srednjeg roda – Deklination der Neutra

mjȅst**o** – *Ort, Platz*
môr**e** – *Meer, die See*
kùpalīšt**e** – *Badestrand*
vrijème – *Zeit, Wetter*

Singular

N.	mjȅst**o**	môr**e**	kùpalīšt**e**	**vrijème**
G.	mjȅst**a**	môr**a**	kùpalīšt**a**	**vrȅmena**
D.	mjȅst**u**	môr**u**	kùpalīšt**u**	**vrȅmenu**
A.	mjȅst**o**	môr**e**	kùpalīšt**e**	**vrijème**
V.	mjȅst**o**	môr**e**	kùpalīšt**e**	**vrijème**
L.	mjȅst**u**	môr**u**	kùpalīšt**u**	**vrȅmenu**
I.	mjȅst**om**	môr**em**	kùpalīšt-**em**	**vrȅmenom**

Plural

N.	mjȅst**a**	môr**a**	kùpalīšt**a**	**vremèna**
G.	mjêst**ā**	môr**ā**	kùpalīšt**ā**	**vreménā**
D.	mjȅst**ima**	môr**ima**	kùpalīšt**ima**	**vremènima**
A.	mjȅst**a**	môr**a**	kùpalīšt**a**	**vremèna**
V.	mjȅst**a**	môr**a**	kùpalīšt**a**	**vremèna**
L.	mjȅst**ima**	môr**ima**	kùpalīšt**ima**	**vremènima**
I.	mjȅst**ima**	môr**ima**	kùpalīšt**ima**	**vremènima**

Beachte:

1. Nominativ, Akkusativ und Vokativ Sg. sind immer gleich.
2. Nominativ, Akkusativ und Vokativ Pl. sind immer gleich.
3. Dativ, Lokativ und Instrumental Pl. sind auch gleich.

2. Deklinacija posvojnih zamjenica – Deklination der Possessivpronomina

a)

- **Moj** prijatelj je u gradu. – *Mein Freund ist in der Stadt.*
- **Tvoj** brat nije kod kuće. – *Dein Bruder ist nicht zu Hause.*
- Ja imam **svoju** knjigu. – *Ich habe mein Buch.*

Singular

	m.	*f.*	*n.*
N.	**môj** prȉjatelj, stôl	**mòja** prijatèljica	**mòje** môre
A.	**mòjeg(a)** prȉjatelja, **môj** stôl(!)	**mòju** prijatèljicu	**mòje** môre
L.	**mòjem(u)** prȉja-telju, stòlu	**mòjōj** prijatèljici	**mòjem(u)** môru
I.	**mòjīm** prȉjateljem, stòlom	**mòjōm** prijatè-ljicōm	**mòjīm** môrem

Beachte:
1. Die Possessivpronomina *môj, tvôj* und das Reflexivpossessiv-Pronomen *svôj* haben die gleiche Deklination.
2. Der Akkusativ Maskulinum lautet für Belebtes *mojega, tvojega, svojega, prijatelja;* für Unbelebtes ist er gleich dem Nominativ: *To je* **tvoj** *stol.* „Das ist dein Tisch.“ *Ja vidim* **tvoj** *stol.* „Ich sehe deinen Tisch.“

Plural

	m.	*f.*	*n.*
N.	**mòji** prȉjatelji	**mòje** prijatèljice	**mòja** môra
A.	**mòje** prȉjatelje	**mòje** prijatèljice	**mòja** môra
L.	**mòjīm(a)** prȉjate-ljima	**mòjīm(a)** prijatè-ljicama	**mòjīm(a)** môrima
I.	**mòjīm(a)** prȉjatc-ljima	**mòjīm(a)** prijatè ljicama	**mòjīm(a)** môrima

b)

- **Naš** prijatelj će doći sutra. –
  Unser Freund wird morgen kommen.
- **Vaša** knjiga je zanimljiva. –
  Euer Buch (Ihr Buch) ist interessant.

Singular

	m.	*f.*	*n.*
N.	**nȁš** prȉjatelj, stôl	**nȁša** prijatèljica	**nȁše** môre
A.	**nȁšeg(a)** prȉjatelja, **nȁš** stôl	**nȁšu** prijatèljicu	**nȁše** môre
L.	**nȁšem(u)** prȉjatelju, stòlu	**nȁšōj** prijatèljici	**nȁšem** môru
I.	**nȁšīm** prȉjateljem, stòlom	**nȁšōm** prijatè-ljicōm	**nȁšīm** môrem

Plural

	m.	*f.*	*n.*
N.	**nȁši** prȉjatelji	**nȁše** prijatèljice	**nȁša** môra
A.	**nȁše** prȉjatelje	**nȁše** prijatèljice	**nȁša** môra
L.	**nȁšīm** prȉjateljima	**nȁšīm** prijatèljicama	**nȁšīm** môrima
I.	**nȁšīm** prȉjateljima	**nȁšīm** prijatèljicama	**nȁšīm** môrima

Wie *nȁš, nȁša, nȁše* wird auch *vȁš, vȁša, vȁše* dekliniert.

c)

- Zašto nije došao **njegov** prijatelj? – *Warum ist sein Freund nicht gekommen?*
- Gdje je bio **njezin** brat? – *Wo war ihr Bruder?*
- To su **njihovi** prijatelji. – *Das sind ihre* (Pl.!) *Freunde.*
- **Njegovo** selo je veliko. – *Sein Dorf ist groß.*

Singular

	m.	*f.*	*n.*
N.	**njègov** prȉjatelj, stôl	**njègova** mâjka	**njègovo** sèlo
A.	**njègova** prȉjatelja, **njègov** stôl	**njègovu** mâjku	**njègovo** sèlo
L.	**njègovu** prȉjatelju, stòlu	**njègovōj** mâjci	**njègovu** sèlu
I.	**njègovīm** prȉjateljem, stòlom	**njègovōm** mâj-kōm	**njègovīm** sèlom

Plural

	m.	*f.*	*n.*
N.	**njègovi** prìjatelji	**njègove** mâjke	**njègova** sȅla
A.	**njègove** prìjatelje	**njègove** mâjke	**njègova** sȅla
L.	**njègovīm** prìjateljima	**njègovīm** mâjkama	**njègovīm** sèlima
I.	**njègovīm** prìjateljima	**njègovīm** mâjkama	**njègovīm** sèlima

Wie *njègov, -a, -o* werden auch *njézin, -a, -o* und *njȉhov, -a, -o* dekliniert.

3. Deklinacija pridjeva – Deklination der Adjektiva

Die Deklination der Adjektiva weist eine bestimmte und eine unbestimmte Form auf. Will man ein noch unbekanntes Substantiv durch ein Adjektiv näher charakterisieren, so braucht man die unbestimmte Form.

Neodređeni oblik – Unbestimmte Form

Singular

	m.	*f.*	*n.*
N.	dȍ**bar** òtac, stôl	dò**bra** mâjka	dò**bro** sèlo
A.	dò**bra** òca, dò**bar** stôl(!)	dò**bru** mâjku	dò**bro** sèlo
L.	dò**bru** òcu; stòlu	dò**brōj** mâjci	dò**bru** sèlu
I.	dò**brīm** òcem; stòlom	dò**brōm** mâjkōm	dò**brīm** sèlom

4.

díviti se + *D.* – *etwas bewundern*
bòjati se + *G.* – *sich vor etwas fürchten*
mȉsliti na + *A.* – *an etwas denken*

- Dvije djevojke razgovaraju o izletu i **dive se moru.**
  Zwei Mädchen unterhalten sich über den Ausflug und bewundern das Meer.
- Ja **se bojim mora.** *Ich fürchte mich vor dem Meer.*
- Stalno **mislim na morske pse.** *Immer denke ich an die Haie.*

8C

1.

On nema vremena. On mora ići u grad. – On nema vremena jer mora ići u grad.

a. On nema vremena. On mora ići u grad. **b.** Ona nije tu. Ona je bolesna. **c.** On neće doći. On nije kod kuće. **d.** Neću doći u školu. Moram ostati kod kuće. **e.** Mjesto sastanka je riječka luka. Oni idu brodom. **f.** Ona se boji mora. More je uzburkano. **g.** On se ne boji mora. On voli nemirno more.

2.

Ovo mjesto je zgodno za piknik. (On) – On voli ovo mjesto.

a. Ovo mjesto je zgodno za piknik. **b.** Ovo kupalište je divno. (Mi) **c.** Danas je vrijeme krasno. (One) **d.** More je danas uzburkano. (Ti)

3.

Vrijeme je danas dobro. – Danas se divim vremenu.

a. Vrijeme je danas dobro. **b.** Danas je kupalište krasno. **c.** More je uznemireno. **d.** Mjesto je zgodno za naš piknik.

4.

Zgodno mjesto. (Oni) – Oni razgovaraju o zgodnom mjestu.

a. Zgodno mjesto. **b.** Uzburkano more. **c.** Dobro vrijeme. **d.** Nemirno more.

5.

Je li to tvoj prijatelj? – Ne, to nije moj prijatelj, to je njegov prijatelj.

a. Je li to tvoj prijatelj? **b.** Je li to tvoj otac? **c.** Je li to tvoj brat? **d.** Je li to tvoja sestra? **e.** Je li to tvoja knjiga? **f.** Je li to tvoja majka? **g.** Je li to tvoje kupalište? **h.** Je li to tvoj brodić?

6.

To je njezin stol. – Ona ima svoj stol.

a. To je njezin stol. **b.** To je njezina stolica. **c.** To je njezina knjiga. **d.** To je njezin rječnik. **e.** To je njezin prijatelj. **f.** To je njezin brat.

7.

Ja imam brata. – Ja idem u školu sa svojim bratom.

a. Ja imam brata. **b.** Ti imaš prijatelja. **c.** Ona ima sestru. **d.** Mi imamo prijateljicu. **e.** On ima sestru. **f.** Ona ima majku.

8.

To je moja bilježnica. – To su moje bilježnice.

a. To je moja bilježnica. **b.** To je njegova knjiga. **c.** To je njezin rječnik. **d.** To je moja sestra. **e.** To je moj prijatelj. **f.** To je tvoja prijateljica.

9.

On ima brata. – On razgovara o svojem bratu.

a. On ima brata. **b.** Ti imaš prijatelja. **c.** Ona ima sestru. **d.** Ja imam loptu. **e.** Ti imaš knjigu.

10.

On ima dva prijatelja. – On voli svoje prijatelje.

a. On ima dva prijatelja. **b.** Ja imam dvije prijateljice. **c.** Ti imaš dvije sestre. **d.** On ima dvije knjige.

11.

Naše sestre su danas kod kuće. – Mi smo kod kuće sa svojim sestrama.

a. Naše sestre su danas kod kuće. **b.** Vaši prijatelji su danas kod kuće. **c.** Njihove prijateljice su danas u gradu. **d.** Naše prijateljice su večeras u kinu.

12.

Branko ide sa svojim prijateljicama u kino. – On pita svoje prijateljice gdje je kino.

a. Branko ide sa svojim prijateljicama u kino. **b.** Nada ide sa svojim prijateljima u školu. **c.** Mi idemo s našim kolegicama u šumu.

13.

On ide u školu. – On treba sat vožnje do škole.

a. On ide u školu. **b.** Izletnici idu brodom na Cres. **c.** Mi idemo danas poslije podne u Zagreb. **d.** Ti ideš pješice u šumu.

14.

Prijevod – Übersetzung

a. Wir brechen mit unseren Freunden am Samstag früh in einen Wald auf. **b.** Bis zum Wald brauchen wir eine gute Stunde Fahrt mit dem Auto. **c.** Meine Eltern haben Angst vor dem Meer, wenn es bewegt ist. Sie denken immer an die Haie und an die Reisenden, die sich auf dem offenen Meer befinden. **d.** Ich bewundere das Meer, wenn es bewegt ist. Natürlich denke ich auch an die Reisenden. **e.** Wir werden mit unseren Freunden und Freundinnen und mit unserer Verwandtschaft am Samstag ein Picknick im Wald vorbereiten. **f.** Das Fischerdorf ist leer, weil die Fischer tagsüber ihre Fische verkaufen. Aber nachts ist der Hafen nicht leer, weil die Fischer auf Fang gehen. **g.** Unser Ziel ist eine Insel. Sie ist ziemlich entfernt vom Hafen.

9A

Na sveučilištu

Vera je studentica njemačkog i francuskog jezika i književnosti. Ona je marljiva i pohađa redovno sva predavanja i seminare. Ove jeseni ona upisuje treću godinu. Svaka godina ima dva semestra. To znači da je ona sada u petom semestru. Ona govori jako dobro njemački i francuski, a osim toga razumije i talijanski.

– Dobro jutro, Mladene!
– Dobro jutro, Vera! Kako si?
– Hvala, dobro! A ti?
– Pa i ja sam dobro! Upravo dolazim s predavanja iz nove njemačke književnosti. Ti ne slušaš ovo predavanje?
– Ne znam, moram još sastaviti svoj raspored sati. Ako mi ostane slobodnog vremena, nastojat ću svakako posjećivati to predavanje jer me jako zanima suvremena njemačka književnost.
– Ove godine moram upisati jedan seminar iz povijesti.
– Ah, pa da! Sjećam se, ti studiraš i povijest. Kakav seminar ćeš upisati?
– Moram svakako upisati seminar iz srednjovjekovne povijesti. To je jako dosadna tema.

– Što radiš sada, Vera? Imaš li nekoliko minuta vremena? Idemo u kantinu na kavu!
– Hvala na pozivu, Mladene! Ti imaš uvijek dobre prijedloge. Kao da čitaš moje misli!

U njihovo društvo prilazi i Mirjana, Verina prijateljica. Ona je tek na prvoj godini pa se mora još uživjeti u studentski život.

9B

1. Deklinacija imenica ženskog roda na suglasnik – Deklination der Feminina auf Konsonant

- Vera je studentica njemačkog jezika i **književnosti.** – *Vera ist Studentin der deutschen Sprache und Literatur.*
- Moram upisati seminar iz **povijesti.** – *Ich muß ein Seminar in Geschichte belegen.*

knjȉžēvnōs**t** – *Literatur*
pȍvijes**t** – *Geschichte*

	Singular		*Plural*	
N.	knjȉžēvnōst	pȍvijest	knjȉžēvnōst**i**	pȍvijest**i**
G.	knjȉžēvnōst**i**	pȍvijest**i**	knjȉžēvnōst**i**	pȍvijest**i**
D.	knjȉžēvnōst**i**	pȍvijest**i**	knjȉžēvnōst**ima**	pȍvijest**ima**
A.	knjȉžēvnōst	pȍvijest	knjȉžēvnōst**i**	pȍvijest**i**
V.	knjȉžēvnōst**i**	pȍvijest**i**	knjȉžēvnōst**i**	pȍvijest**i**
L.	knjȉžēvnōst**i**	pȍvijest**i**	knjȉžēvnōst**ima**	pȍvijest**ima**
I.	knjȉžēvnō**šću**	pȍvije**šću**	knjȉžēvnōst**ima**	pȍvijest**ima**
	(-st + ju = šću)			

2. Atributivna i predikativna uporaba pridjeva – Attributiver und prädikativer Gebrauch des Adjektivs

Das Adjektiv stimmt mit seinem Substantiv sowohl in attributiver als auch in prädikativer Stellung überein.

- Dò**bro** društv**o** *(n.)* – *Gute Gesellschaft*
- Društv**o** je dò**bro.** – *Die Gesellschaft ist* **gut**.

3. Partitivni genitiv – Partitiver Genitiv

- Imaš li **nekoliko minuta vremena?** –
  Hast du einige Minuten Zeit (eigentlich: *der Zeit)?*
- On pije **čašu vode.** –
  Er trinkt ein Glas Wasser (eigentlich: *des Wassers).*
- Mi jedemo **komad mesa.** –
  Wir essen ein Stück Fleisch (eigentlich: *des Fleisches).*

4. Deklinacija pridjeva – Deklination der Adjektiva

Ona je studentica njema**čkog** jezika i njema**čke** književnosti.
Sie ist Studentin der deutschen Sprache und der deutschen Literatur.

Određeni oblik – Bestimmte Form

Singular

	m.	*f.*	*n.*
N.	**njèmačkī** jèzik	**njèmačkā** knjȉžēvnōst	**slȍbodnō** vrijème
G.	**njèmačkōg(a)** jèzika	**njèmačkē** knjȉžēvnōsti	**slȍbodnōg** vrȅmena
A.	**njèmačkī** jèzik	**njèmačkū** knjȉžēvnōst	**slȍbodnō** vrijème

Plural

	m.	*f.*	*n.*
N.	**dȍbri** prȉjatelji	**dȍbre** prijatèljice	**dȍbra** kùpalīšta
A.	**dȍbre** prȉjatelje	**dȍbre** prijatèljice	**dȍbra** kùpalīšta

5. *Svàkī* – Jeder

- Svà**kī** čòvjek – *Jeder Mensch*
- Svà**kā** žèna – *Jede Frau*
- Svà**kō** dijète – *Jedes Kind*

*Svà***kī**, **-kā**, **-kō** wird nach der bestimmten Deklination der Adjektiva dekliniert.

6. Redni brojevi – Ordnungszahlen

● To je njegov **prvi** semestar.	*Das ist sein erstes Semester.*
● To je njezina **prva** godina.	*Das ist ihr erstes Jahr.*
● To je naše **prvo** dijete.	*Das ist unser erstes Kind.*

Die Ordnungszahlen *prvi, -va, -vo,* „der, die, das erste", *drugi, -ga, -go,* „der, die, das zweite" usw. werden nach der bestimmten Deklination der Adjektiva dekliniert.

1. pȓvī, pȓvā, pȓvō		9. dèvētī
2. drȕgī, drȕgā, drȕgō		10. dèsētī
3. trȅćī, trȅćā, trȅćē		11. jedànaestī
4. čètvrtī, čètvrtā, čètvrtō		12. dvánaestī
5. pêtī		20. dvádesētī
6. šêstī	usw.	21. dvádesēt pȓvī
7. sêdmī		100. stôtī
8. ôsmī		

7. *užívjeti se u + A* **„sich in etwas einleben"**

● Ona se mora **uživjeti u studentski život.** –
Sie muß sich in das Studentenleben einleben.

9C

1.

Vera studira njemačku književnost. – Ona je studentica njemačke književnosti.

a. Vera studira njemačku književnost. **b.** Ja studiram njemački jezik. **c.** Mladen studira srednjovjekovnu povijest. **d.** Ti studiraš talijanski i francuski jezik i književnost.

2.

> Studiram njemački jezik – Moram upisati predavanje iz njemačkog jezika.

a. Studiram njemački jezik. **b.** One studiraju talijansku književnost. **c.** Vi studirate povijest. **d.** On studira francuski jezik i književnost.

3.

> Ona upisuje peti semestar. – Ona je u petom semestru.

a. Ona upisuje peti semestar. **b.** Ja upisujem prvi semestar. **c.** Mirjana i njezina prijateljica upisuju treći semestar.

4.

> On je student hrvatskog jezika. – On govori jako dobro hrvatski (jezik).

a. On je student hrvatskog jezika. **b.** Ona studira hrvatski jezik. **c.** Mi smo studenti njemačkog jezika. **d.** Oni su studenti talijanskog jezika.

5.

> Vera govori dobro njemački. Ona studira njemački jezik. – Vera govori dobro njemački jer studira njemački jezik.

a. Vera govori dobro njemački. Ona studira njemački jezik. **b.** Moj prijatelj govori hrvatski. On je student hrvatskog jezika i književnosti. **c.** Mi govorimo dobro francuski. Mi učimo mnogo.

6.

> Ja imam dvadeset i dvije godine. – Ja sam u dvadeset i trećoj godini.

a. Ja imam dvadeset i dvije godine. **b.** Moj brat ima osamnaest godina. **c.** Njegova prijateljica im dvadeset godina. **d.** Naša kćerka ima tek šest godina. **e.** Branko ima trideset godina.

7.

Mi volimo studentski život. – Mi se moramo uživjeti u studentski život.

a. Mi volimo studentski život. **b.** Ona voli svoj studij. **c.** Ja volim njemački jezik. **d.** On voli dosadne teme.

8.

Zašto nemaš danas (vrijeme)? – Zašto nemaš danas vremena?

a. Zašto nemaš danas (vrijeme)? **b.** Ona ima samo pet minuta (vrijeme). **c.** Koliko (vrijeme) imamo još?

9.

Prijevod – Übersetzung

a. Ich bin Student der deutschen Sprache und der Literatur. Momentan bin ich im fünften Semester. Jedes Jahr hat zwei Semester. Das heißt, daß ich schon im dritten Jahr bin. **b.** Wir sprechen sehr gut Kroatisch, weil wir sehr viel lernen. **c.** Er hat nicht viel Zeit, weil er heute nachmittag in die Stadt gehen muß. **d.** Sie muß ein Seminar in Geschichte belegen. Das ist ein langweiliges Thema. **e.** Ich unterhalte mich mit meinen Kollegen über die deutsche Literatur und Geschichte. **f.** Ich höre diese Vorlesung noch nicht, weil ich noch meinen Stundenplan zusammenstellen muß. **g.** Sie muß sich in das Studentenleben noch einleben, weil sie erst im ersten Semester ist. **h.** Ein Seminar in deutscher Geschichte werde ich erst im dritten Semester belegen. **i.** Wir sind fleißig und besuchen alle Vorlesungen und Seminare.

10A

Ljetni praznici

U kantini filozofskog fakulteta sjede Vera, Mirjana i Mladen. Poslije dosadnog razgovora o studiju, predavanjima i seminarima Mladen je započeo razgovor o ljetnim praznicima:

– Gdje si bila za vrijeme ljetnih praznika, Vera?
– Nećeš vjerovati! Nisam se pomakla od kuće. Spremala sam ispite i pomagala roditeljima. Moram priznati, bila sam skoro svaki dan kratko na plaži. Naša kuća je udaljena svega nekoliko metara od kupališta. Vrijeme je bilo lijepo i sunčano, ali sam imala previše problema s ispitima. Morala sam svaki dan učiti i misliti na ispite. Slabo sam se odmorila.
– Ja sam mislio da ljudi na moru imaju stalno praznike. U Zagrebu je ljeti vruće, zrak je prljav od benzina. Mi moramo ići na more ako se hoćemo odmoriti.
– Vjerujem. U tom pogledu imaš pravo. A gdje si ti bio?
– Ja? Eto vidiš, i ja sam ostao kod kuće. Previše posla, studij, ispiti ...
– O, jadan je studentski život! Nisam znala da studenti imaju tako malo vremena.
A što radite za vrijeme semestra? Zašto ne spremate ispite na vrijeme? Ja sam položila maturu na vrijeme pa sam bila dva tjedna na maturalnom putovanju u Dubrovniku.
– Da, da, Mirjana! Imaš pravo, samo se bojim da ćeš i ti ubrzo promijeniti mišljenje.

Približilo se vrijeme ručka. Studenti odlaze u menzu.

10B 1. Perfekt

• Gdje **si bio,** Mladene?	*Wo warst du, Mladen?*
• Gdje **si bila,** Vera?	*Wo warst du, Vera?*
• Vrijeme **je bilo** sunčano.	*Das Wetter war sonnig.*

a) Potvrdni oblik (naglašen) – Affirmative Form (betont)

Singular				*Plural*			
	m.	*f.*	*n.*		*m.*	*f.*	*n.*
jâ **sam**	**bȉo**	**bíla**	(**bílo**) *ich bin*	mî **smo**	**bíli**	**bíle**	(**bíla**)
tî **si**	**bȉo**	**bíla**	(**bílo**) *gewesen*	vî **ste**	**bíli**	**bíle**	(**bíla**)
ôn **je**	**bȉo**		etc.	òni **su**	**bíli**		
òna **je**		**bíla**		òne **su**		**bíle**	
òno **je**			**bílo**	òna **su**			**bíla**

• **Ôn** je **bȉo**	*Er ist gewesen*
• **Òna** je **bíla**	*Sie ist gewesen*
• **Òno** je **bílo**	*Es ist gewesen*
• **Jâ** sam **ìmao**	*Ich habe gehabt*
• **Òna** je **ìmala**	*Sie hat gehabt*
• **Òno** je **ìmalo**	*Es hat gehabt*
• **Mî** smo **htjèli**	*Wir haben gewollt*
• **Òne** su **htjèle**	*Sie haben gewollt (f.)*

Die Perfektform wird immer mit Hilfe des Präsens von *biti* „sein" und dem Partizip Perfekt gebildet.
Das Partizip Perfekt ist ein Verbaladjektiv und stimmt deshalb mit seinem Subjekt in Genus und Numerus überein.

b) Nenaglašeni oblik – Unbetonte Form

bȉo	**bíla**	**(bílo)**	**sam**	**bíli**	**bíle**	**(bíla)**	**smo**
bȉo	**bíla**	**(bílo)**	**si**	**bíli**	**bíle**	**(bíla)**	**ste**
bȉo			**je**	**bíli**			**su**
	bíla		**je**		**bíle**		**su**
		bílo	**je**			**bíla**	**su**

c) Negativni oblik – Negative Form

nísam / **nísi** / **níje** } bȉo, **bíla**, bílo **nísmo** / **níste** / **nísu** } **bíli**, bíle, bíla

d) Upitni oblik – Fragende Form

jèsam li bȉo, **jèsi li** bȉo …

2. Particip perfekta – Partizip Perfekt

Singular			*Plural*		
m.	*f.*	*n.*	*m.*	*f.*	*n.*
-o	**-la**	**-lo**	**-li**	**-le**	**-la**

Infinitiv	*Partizip Perfekt*	
zapòčēti	zȁpočeo	*beginnen*
sprémati	sprémao	*vorbereiten*
pomágati	pomágao	*helfen*
ìmati	ìmao	*haben*
mórati	mórao	*müssen*
mȉsliti	mȉslio	*denken*
òstati	ȍstao	*bleiben*
znȁti	znȁo	*wissen, können*
polòžiti	pȍložio	*ablegen (eine Prüfung)*
pomàknuti se	pȍmakao, pȍmakla (f.)	*sich bewegen*
odmòriti se	ȍdmorio	*sich erholen*

3. Refleksivni glagoli – Reflexive Verben

jâ sam **se** ȍdmorio (odmorila) *Ich habe mich erholt.*
tî si **se** ȍdmorio
ôn **se** ȍdmorio! *usw.*

- Odmori**o sam se.** – *Ich habe mich erholt.*
- Došao je u kuću i odmori**o se.** – *Er ist ins Haus gekommen und hat sich erholt.*

Das Hilfsverb in der dritten Person Singular *(je)* wird bei den reflexiven Verben nicht gebraucht: *On se odmorio.*

4. Deklinacija pridjeva – Deklination der Adjektiva
Bestimmte Form

- Mladen je započeo razgovor o ljetnim praznicima.
  Mladen hat das Gespräch über die Sommerferien angefangen.

Plural

	m.		*f.*		*n.*	
N.	**ljȅtnī**	dâni	**ljȅtnē**	nȍći	**ljȅtnā**	vremèna
D.	**ljȅtnīm(a)**	dánima	**ljȅtnīm(a)**	nòćima	**ljȅtnīm(a)**	vremènima
L.	**ljȅtnīm(a)**	dánima	**ljȅtnīm(a)**	nòćima	**ljȅtnīm(a)**	vremènima
I.	**ljȅtnīm(a)**	dánima	**ljȅtnīm(a)**	nòćima	**ljȅtnīm(a)**	vremènima

5. Unbestimmte Form

	Singular			*Plural*		
	m.	*f.*	*n.*	*m.*	*f.*	*n.*
N.	nȍv	nòv**a**	nòv**o**	nòv**i**	nòv**e**	nòv**a**
G.	nòv**a**	nòv**ē**	nòv**a**	nòv**īh**	nòv**īh**	nòv**īh**
D.	nòv**u**	nòv**ōj**	nòv**u**	nòv**īm(a)**	nòv**īm(a)**	nòv**īm(a)**

	Singular			*Plural*		
	m.	*f.*	*n.*	*m.*	*f.*	*n.*
A.	nòv**a** (nȍv!)	nòv**u**	nòv**o**	nòv**e**	nòv**e**	nòv**a**
V.	–	–	–	–	–	–
L.	nòv**u**	nòv**ōj**	nòv**u**	nòv**īm(a)**	nòv**īm(a)**	nòv**īm(a)**
I.	nòv**īm**	nòv**ōm**	nòv**īm**	nòv**īm(a)**	nòv**īm(a)**	nòv**īm(a)**

6. Gebrauch der bestimmten und der unbestimmten Form

- **Nov** auto je bolji od onog starog. – *Ein neues Auto ist besser als jenes alte.*
- Ovaj auto je **nov.** – *Dieses Auto ist neu.*
- Njegov **novi** auto nije bolji od mojeg starog. – *Sein neues Auto ist nicht besser als mein altes.*
- **Novi** auto nije dobar. – *Das neue Auto ist nicht gut.*

Unbestimmte Form			*Bestimmte Form*		
nȍv *(m.)*	nòv**a** *(f.)*	nòv**o** *(n.)*	nȍv**ī** *(m.)*	nȍv**ā** *(f.)*	nȍv**ō** *(n.)*

		Funktion / *Form*	*Prädikativ*	*Attributiv*	*Possessiv- und Demonstrativpronomina*
Frage	*koji = welcher*	*bestimmt*	–	**Novi** auto je dobar.	**Moj novi** auto je dobar. **Onaj novi** auto je dobar.
Frage	*kakav = was für ein*	*unbestimmt*	Auto je **nov.**	Imam **nov** auto.	–

7.

pòslije		*– nach*
za vrijème	+ *G.*	*– während*
od		*– von*

- **Poslije** dosa**dnog** razgovor**a** – *Nach dem langweiligen Gespräch*
- **Za vrijeme** semes**tra** – *Während des Semesters*
- Naša kuća je udaljena nekoliko metara **od** kupališt**a.** –
  Unser Haus ist einige Meter vom Badestrand entfernt.

10C

1.

Vera je u gradu. – Vera je bila u gradu.

a. Vera je u gradu. **b.** On je danas u kantini filozofskog fakulteta. **c.** Ona je za vrijeme ljetnih praznika kod kuće. **d.** Njegov sin je danas u kinu. **e.** More je mirno. **f.** Gdje je tvoja sestra? **g.** Ti si za vrijeme semestra marljiv. **h.** Mi smo danas kod kuće. **i.** Gdje su tvoji roditelji? **j.** Njegova majka je u restoranu. **k.** Niste li danas kod kuće? **l.** One su jako umorne. **m.** Zašto si umorna?

2.

Ja sam danas bio u šumi. – Danas sam bio u šumi. (Bio sam u šumi danas).

a. Ja sam danas bio u šumi. **b.** Ona je danas bila u kinu. **c.** Ono je bilo umorno. **d.** Mi smo danas bile u lovu. **e.** Vi ste danas bile pijane. **f.** Vi ste danas bili umorni.

3.

Danas sam bio kod kuće. – Danas nisam bio kod kuće.

a. Danas sam bio kod kuće. **b.** Jučer je bila u gradu. **c.** Bili smo u Zagrebu. **d.** Zašto si bio jučer na ulici? **e.** Vi ste bili na filozofskom fakultetu.

4.

Nisam li ja bio danas u kantini? – Ne, ti nisi bio danas u kantini.

a. Nisam li bio danas u kantini? **b.** Nisi li bila za vrijeme ljetnih praznika na moru? **c.** Nismo li mi bile na predavanju? **d.** Nije li on bio kod kuće?

5.

Danas imam vremena. – Danas sam imao vremena.

a. Danas imam vremena. **b.** Ona danas nema vremena. **c.** Oni imaju danas previše posla. **d.** One imaju previše problema s ispitima. **e.** Imaš li danas vremena? **f.** Imate li vi puno problema s ispitima?

6.

Ja hoću čašu vode. – Ja sam htio čašu vode.

a. Ja hoću čašu vode. **b.** Ona hoće svoju knjigu. **c.** Mi hoćemo čašu bijelog vina. **d.** One hoće čaj. **e.** Mladen neće jagoda jer nije gladan. **f.** Hoće li Vesna jagode sa sladoledom ili voćni sok? **g.** Zašto nećeš doći danas u grad?

7.

Za vrijeme ljetnih praznika nisam se odmorio. (Mi) – Za vrijeme ljetnih praznika nismo se odmorili.

a. Za vrijeme ljetnih praznika se nisam odmorio. **b.** Zašto se nisi odmorio? **c.** Je li se ona odmorila na moru? **d.** Ti se nisi odmorio jer si morao raditi.

8.

Ja sam se odmorio. – Ja se odmaram

a. Ja sam se odmorio. **b.** One su se odmorile za vrijeme ljetnih praznika. **c.** On se odmorio za vrijeme semestra. **d.** Mi smo se odmorili u kantini.

9.

Nakon dosadnog razgovora o studiju, započima on razgovor o ljetnim praznicima. – Nakon dosadnog razgovora o studiju, započeo je razgovor o ljetnim praznicima.

a. Nakon dosadnog razgovora o studiju, započima on razgovor o ljetnim praznicima. **b.** Škola počima u osam sati. **c.** Zašto nećeš početi raditi? **d.** Kad započima tvoj studij?

10.

On sprema svoje ispite za vrijeme semestra. – On je spremao svoje ispite za vrijeme semestra.

a. On sprema svoje ispite za vrijeme semestra. **b.** Zašto i ti ne spremaš svoje ispite na vrijeme? **c.** One spremaju meso za piknik. **d.** Njegova majka sprema ručak, a otac se sprema na posao. **e.** Vera i Mirjana se spremaju na more. **f.** Ona ne sprema svoje ispite na vrijeme.

11.

Mi pomažemo oko pripremanja za piknik. – Mi smo pomagali oko pripremanja za piknik.

a. Mi pomažemo oko pripremanja za piknik. **b.** Ona pomaže svojoj majci kod kuće. **c.** Zašto one ne pomažu svojim roditeljima za vrijeme praznika? **d.** Vi ne pomažete svojim prijateljima pri studiju.

12.

Zašto moraš ići u grad? – Zašto si morao ići u grad?

a. Zašto moraš ići u grad? **b.** Zašto ona mora ostati kod kuće? **c.** Ne moramo li mi danas ići na fakultet? **d.** One moraju kupiti njemačku gramatiku. **e.** Ti moraš učiti njemački. **f.** Brodar mora čekati izletnike u svojem brodiću.

13.

On misli stalno na svoju prijateljicu. – On je mislio stalno na svoju prijateljicu.

a. On misli stalno na svoju prijateljicu. **b.** Ona misli da je on pijan. **c.** Mi mislimo da si ti bio kod kuće. **d.** One misle da će sutra ostati lijepo vrijeme.

14.

Zašto ostaješ kod kuće? – Zašto si ostao kod kuće?

a. Zašto ostaješ kod kuće? **b.** Ona ostaje kod kuće ako to hoće njezini roditelji. **c.** Oni ostaju pri tome.

15.

Ti znaš da si položio svoj ispit. – Ti si znao da si položio svoj ispit.

a. Ti znaš da si položio svoj ispit. **b.** Kako znaš da sam bio na fakultetu? **c.** Ona zna da mora spremati ispite.

16.

Ona se nije ni pomakla od kuće. – One se nisu ni pomakle od kuće.

a. Ona se nije ni pomakla od kuće. **b.** Nisam se ni pomakao s mjesta. **c.** Brod se pomakao od obale. **d.** Zašto se nisi pomakao u hladovinu?

17.

Prijevod – Übersetzung

a. Während der Sommerferien hat sie die Prüfungen vorbereitet. Sie hat auch ihrer Mutter geholfen. Fast jeden Tag ist sie kurz am Strand gewesen. **b.** Er hat gedacht, daß seine Freundin zu Hause ist. Er hat aber nicht gewußt, daß sie an die Universität gehen mußte. (Übersetzen mit Perfekt!). **c.** Wenn ich mich erholen will, muß ich ans Meer fahren, weil bei uns die Luft verschmutzt ist. **d.** Während des Semesters habe ich zu viel Arbeit gehabt. Ich habe immer zu Hause bleiben müssen. **e.** Wir sind morgens früh, bei Sonnenaufgang, aufgebrochen. **f.** Wo seid ihr während der Ferien gewesen? **g.** Hast du deine Prüfungen vorbereitet?

11A

Piknik

Izletnici su napustili brodić, ugovorili s brodovlasnikom vrijeme povratka i uputili se uskim putićem prema maloj šumici, udaljenoj svega nekoliko kilometara od luke. Vjerovali su da će tamo pronaći kakvu čistinu s nekoliko velikih stabala i suhog granja za vatru. Nakon kratkog vremena pronašli su zgodno mjesto te su posjedali. Jasna je legla pod stablo na travu jer je bila umorna. Svi su znali da je ljeti opasno ložiti vatru pa su bili oprezni. Piće i kruh stavili su u hladovinu da se ne pokvari te su počeli s pripremama:

– Branko, molim te, možeš li mi donijeti malo suhog granja da naložim vatru? – viče veselo Nada.
– Naravno, evo odmah! Je li ovo dobro?
– Dakako, dobro je!

Svi su pomagali oko pripremanja jer su već ogladnjeli i ožednjeli.

Milka i Slavica su postavile mali stol i nekoliko stolica u hladovinu ispod jednog stabla.
Boris, Branko i Nada su ostali kod ražnja i vatre. Društvo je naime odlučilo da je bolje ispeći janje na ražnju nego se mučiti s malim komadićima mesa. Pečena janjetina, dobro začinjena i osoljena, poznati je specijalitet za ovakve piknike.

Sve je bilo gotovo već oko devet sati. Nije bilo dovoljno tanjura, čaša i ostalog pribora, pa su morali poslužiti se rukama. Za većinu je to bila normalna stvar. Samo Jasna je uzela preveliku bocu, zabunila se pri izboru etiketa, – umjesto voćnog soka ona se odlučila za bijelo vino –, pa je pri udobnoj muzici i glasnim povicima zaspala.

Oko osam sati pred večer krenuli su svi, radosni i raspoloženi, prema luci.

1. Deklinacija pridjeva – Deklination der Adjektiva

Određeni oblik – bestimmte Form

Singular

	m.	*f.*	*n.*
N.	dȍbr**ī**	dȍbr**ā**	dȍbr**ō**
G.	dȍbr**ōg(a)**	dȍbr**ē**	dȍbr**ōg(a)**
D.	dȍbr**ōm(e), (u)**	dȍbr**ōj**	dȍbr**ōm(e), (u)**
A.	dȍbr**ōg** dȍbrī *(unbelebt)*	dȍbrū	dȍbrō
V.	dȍbr**ī**	dȍbr**ā**	dȍbr**ō**
L.	dȍbr**ōm, (e), (u)**	dȍbr**ōj**	dȍbr**ōm(e), (u)**
I.	dȍbr**īm**	dȍbr**ōm**	dȍbr**īm**

Plural

	m.	*f.*	*n.*
N.	dȍbr**ī**	dȍbr**ē**	dȍbr**ā**
G.	dȍbr**īh**	dȍbr**īh**	dȍbr**īh**
D.	dȍbr**īm(a)**	dȍbr**īm(a)**	dȍbr**īm(a)**
A.	dȍbr**ē**	dȍbr**ē**	dȍbr**ā**
V.	dȍbr**ī**	dȍbr**ē**	dȍbr**ā**
L.	dȍbr**īm(a)**	dȍbr**īm(a)**	dȍbr**īm(a)**
I.	dȍbr**īm(a)**	dȍbr**īm(a)**	dȍbr**īm(a)**

2.

nàkon	+ *G.*	– *nach*
oko		– *um, gegen*
ispod		– *unter*
kod		– *bei*
ùmjesto		– *anstatt*

- **Nakon** kratk**og** vremen**a** – *Nach kurzer Zeit*
- **Oko** devet sat**i** – *Gegen neun Uhr*
- One su postavile stol u hladovinu **ispod** stabl**a**. – *Sie haben den Tisch in Schatten unter einen Baum gestellt.*
- On je ostao **kod** ražnj**a.** – *Er ist beim Spieß geblieben.*
- **Umjesto** voćn**og** sok**a** – *Anstatt des Obstsaftes*

3.

na	+ *A.*	– *auf*
pod		– *unter*
u		– *in*
pred		– *gegen, vor*

- Ona je legla **na** trav**u.** – *Sie hat sich aufs Gras gelegt.*
- Sjeo sam **pod** stabl**o.** – *Ich habe mich unter einen Baum gesetzt.*
- **Pred** večer – *Gegen Abend*
- Piće su stavili **u** hladovin**u.** – *Die Getränke haben sie in den Schatten gestellt.*

4.

prema	+ *L.*	– *auf … zu*
na		– *auf, an*
pri		– *bei*

- Išao je **prema** šumi. – *Er ging auf einen Wald zu.*
- **Na** ražnju – *Am Spieß*
- Zabunila se **pri** izboru. – *Sie hat sich bei der Auswahl geirrt.*

5. Deklinacija imenica muškog roda – Deklination der Maskulina

Singular

N.	grâd	pòvra**tak**	rá**žanj**
G.	grâd**a**	pòvra**tka**	rá**žnja**
D.	grâd**u**	pòvra**tku**	rá**žnju**
V.	grâd**e**	–	rá**žnju**

Plural

N. komàdići *I.* komàdićima

6.

Infinitiv	*Partizip Perfekt*	
prònaći	prȍnaša**o**	*ausfindig machen*
lèći	lȅga**o**	*sich legen*
oglàdnjeti	oglȁdnje**o**	*hungrig werden*
krénuti	krénu**o**	*aufbrechen*

11C

1.

Borisov prijatelj je dobar. – Boris ima dobrog prijatelja.

a. Borisov prijatelj je dobar. **b.** Nadina prijateljica nije dobra. **c.** Naša majka je dobra. **d.** Njegov sin je dobar. **e.** Nadino društvo je dobro.

2.

Ja pijem bijelo vino. – Ja sam zadovoljan s bijelim vinom.

a. Ja pijem bijelo vino. **b.** Mi pijemo crno vino. **c.** Mi pijemo samo dobro pivo.

3.

To je moj dobar prijatelj. – Idem u kino samo sa svojim dobrim prijateljem.

a. To je moj dobar prijatelj. **b.** To je njegova dobra prijateljica. **c.** To je njegova lijepa sestra.

4.

Njegov stol je malen. – On ima maleni stol.

a. Njegov stol je malen. **b.** To je njegov dobri rječnik. **c.** To je njegov veliki rječnik.

5.

Oni su se uputili prema (mala šumica). – Oni su se uputili prema maloj šumici.

a. Oni su se uputili prema (mala šumica). **b.** On ide prema (lijepa škola). **b.** Uputili smo se prema našem (mali brodić).

6.

Oni su pronašli čistinu s nekoliko (velika stabla). – Oni su pronašli čistinu s nekoliko velikih stabala.

a. Oni su pronašli čistinu s nekoliko (velika stabla). **b.** Pronašli smo mjesto samo s nekoliko (male kuće). **c.** Kupio sam stol s nekoliko (dobre stolice). **d.** Krenuli smo na izlet s nekoliko (dobra vina).

7.

Rado idem na izlet s (dobar) prijateljima. – Rado idem na izlet s dobrim prijateljima.

a. Rado idem na izlet s (dobar) prijateljima. **b.** Rado idem na kupalište s (lijep) prijateljicama. **c.** Uvijek volim (dobar) društva. **d.** Imam mnogo (dobar) prijatelja. **e.** On razgovara o (lijep) ženama. **f.** Oni vole samo (dobar) prijatelje.

8.

Nada je ostala kod (ražanj). – Nada je ostala kod ražnja.

a. Nada je ostala kod (ražanj). **b.** Oni su bili kod svojih (prijatelj). **c.** Jučer sam bio kod svoje (sestra). **d.** Dugo smo ostali kod (vatra).

9.

Stol je bio ispod (jedno stablo). – Stol je bio ispod jednog stabla.

a. Stol je bio ispod (jedno stablo). **b.** Vesna je zaspala ispod (stablo). **c.** Vino je bilo ispod (stol). **d.** Čaše su ostavili ispod (stolice! Pl.).

10.

Umjesto (voćni sok) uzela je vino. – Umjesto voćnog soka uzela je vino.

a. Umjesto (voćni sok) uzela je vino. **b.** Umjesto (meso) kupili smo janje. **c.** Umjesto (vino) pili smo pivo. **d.** Umjesto (prijatelji) pozvali su rodbinu.

11.

Nakon (kratko vrijeme) pronašli su zgodno mjesto. – Nakon kratkog vremena pronašli su zgodno mjesto.

a. Nakon (kratko vrijeme) pronašli su zgodno mjesto. **b.** Nakon (praznici) počeo je semestar. **c.** Nakon (izlet) krenuli su kući.

12.

Ona je legla na (trava). – Ona je legla na travu.

a. Ona je legla na (trava). **b.** Sjeo je na (stolica). **c.** Stavio je knjigu na (stol). **d.** Stavio je meso na (vatra). **e.** Bilježnicu je stavio na (rječnik).

13.

Piće su stavili u (hladovina). – Piće su stavili u hladovinu.

a. Piće su stavili u (hladovina). **b.** Danas su krenuli u (šuma). **c.** Vino su stavili u (voda).

14.

Pod (stol) je bilo vino. – Pod stolom je bilo vino.

a. Pod (stol) je bilo vino. **b.** Vesna je zaspala pod (stablo). **c.** Čaše su ostale pod (stolice).

15.

Išao je prema (šuma). – Išao je prema šumi.

a. Išao je prema (šuma). **b.** Krenuli su prema (otok Cres). **c.** Išli smo prema (more).

16.

Knjiga je bila na (stol). – Knjiga je bila na stolu.

a. Knjiga je bila na (stol). **b.** Društvo je sjedilo na (stolice). **c.** Meso su ispekli na (ražanj). **d.** Vesna je zaspala na (trava).

17.

Pronašao je zgodno mjesto za piknik. – Pronašli su zgodno mjesto za piknik.

a. Pronašao je zgodno mjesto za piknik. **b.** Svoje knjige je pronašla pod stolom. **c.** Ti si pronašao dobro mjesto.

18.

Krenuo sam u osam sati. – Krenuli smo u osam sati.

a. Krenuo sam u osam sati. **b.** Krenuo je prema luci. **c.** Krenula je prema maloj šumici.

19.

Prijevod – Übersetzung

a. Die Ausflügler haben das Schiffchen verlassen und sich gegen einen Wald begeben. **b.** Nach kurzer Zeit haben sie einen günstigen Platz gefunden und haben sich hingesetzt. **c.** Die Getränke und das Brot haben wir in den Schatten unter einen Baum gestellt. **d.** Vesna hat statt Obstsaft Wein getrunken und ist bei lautem Schreien auf dem Gras eingeschlafen. **e.** Wann seid ihr hungrig und durstig geworden? **f.** Um acht Uhr gegen Abend haben wir uns auf den Weg zum Hafen gemacht. (sich auf den Weg machen – krenuti).

12A

U kazalištu

– Mirjana, zašto nisi došla sinoć? Čekali smo te do osam sati pred studentskim centrom, a zatim smo otišli u kazalište. Nismo mogli duže čekati jer predstave su obično u osam i petnaest.

– Žao mi je! Nisam znala da ćete ići u kazalište. Drugom prilikom ću pokušati biti točnija. No krivnja nije moja. Pošla sam tramvajem. Dogodila se prometna nezgoda. Morala sam uzeti taksi. Kad sam došla do studentskog centra, vas nije bilo.

– Nismo ni mi znali da ćemo ići u kazalište, ali tako je ispalo u zadnjem trenutku.

– Koji komad ste gledali?
Čula sam da se već nekoliko dana daje neka tragedija.

– O, ne, ne. Nismo bili sinoć raspoloženi za tragične igre. Program se iz tehničkih razloga neočekivano promijenio. Gledali smo komediju „Dundo Maroje“ od Marina Držića. Bilo je jako smiješno.

– Šteta! Šteta što se nismo sastali. Bila sam jako potištena. Tražila sam vas dugo po trgu, po ulicama. Nisam mogla ni pomisliti da ste otišli u kazalište.

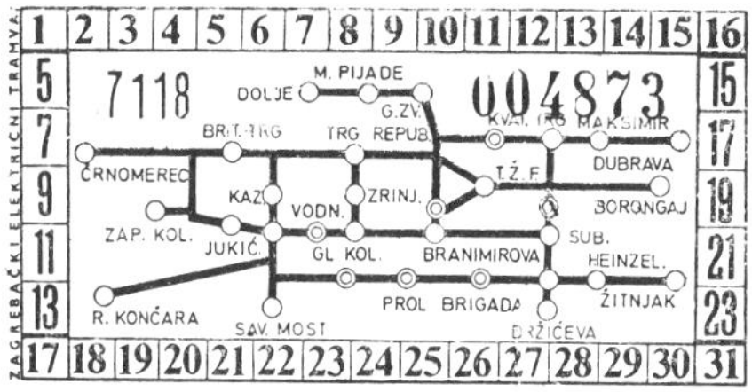

– A zašto si bila žalosna?
– Ne znam ni sama. Svakako mi je bilo potrebno malo šale, humora i smijeha. Naravno, i vaše društvo …
– Ah, pa da! Sve ćemo mi to nadoknaditi.
Uostalom, što mislite? Idemo i večeras u kazalište? I večeras se daje neka komedija, samo ne znam kako se zove.
– Idemo, idemo! Zašto ne? Sutra je subota.

12 B **1. Deklinacija imenica muškog roda – Deklination der Maskulina**

Singular

N.	*grâd*	prȉjatelj	*àut***o**
G.	grâd**a**	prȉjatelj**a**	àut**a**
D.	grâd**u**	prȉjatelj**u**	àut**u**
A.	*grâd*	prȉjatelj**a**	*àut***o**
V.	grâd**e**	prȉjatelj**u**	*àut***o**
L.	grádu	prȉjatelj**u**	àut**u**
I.	grâd**om**	prȉjatelj**em**	àut**om**

Plural

N.	grȁd**ovi**	prȉjatelj**i**	àut**i**
G.	grad**óvā**	prȉjatēlj**ā**	ȁūt**ā**
D.	grȁd**ovima**	prȉjatelj**ima**	àut**ima**
A.	grȁd**ove**	prȉjatelj**e**	àut**e**
V.	grȁd**ovi**	prȉjatelj**i**	àut**i**
L.	grȁd**ovima**	prȉjatelj**ima**	àut**ima**
I.	grȁd**ovima**	prȉjatelj**ima**	àut**ima**

2. *zvȁti* **„rufen"**

Präsens

zòvēm, zòvēš, zòvē, zòvēmo, zòvēte, zòvū

3.

Infinitiv	*Partizip Perfekt*	
dóći	**dȍšao**	*kommen*
òtići	**ȍtišao**	*weggehen*
póći	**pȍšao**	*losgehen*
mòći	**mȍgao**	*können*

1.

Oni su čekali kod kazališta. (pred) – Oni su čekali pred kazalištem.

a. Oni su čekali kod kazališta. (pred) **b.** Bio sam kod studentskog centra. (pred) **c.** Čekale smo Mirjanu kod filozofskog fakulteta. (pred) **d.** Ona je čekala kod kina. (pred)

2.

Vidjet ćemo se na (ulica). – Vidjet ćemo se na ulici.

a. Vidjet ćemo se na (ulica). **b.** Vidjele su se na (kupalište). **c.** Vidimo se na (kupalište). **d.** Vidio sam Nadu na (seminar). **e.** One su se vidjele na (fakultet). **f.** Vera je vidjela Nadu na (trg).

3.

Išao sam u grad (auto). – Išao sam u grad autom.

a. Išao sam u grad (auto). **b.** Pošla je prema studentskom centru (tramvaj). **c.** Na izlet su krenuli (brodić). **d.** Do Zagreba trebamo dobar sat vožnje (vlak).

4.

Idem u grad. – Bio sam u gradu.

a. Idem u grad. **b.** One idu u Zagreb. **c.** Pošli smo u kazalište a zatim smo otišli u kino. **d.** Zašto ne idete u kazalište?

5.

Moj auto je pokvaren. – Moji auti su pokvareni.

a. Moj auto je pokvaren. **b.** Njegov brodić je čekao izletnike. **c.** Njegov prijatelj ima mnogo vremena. **d.** On je čekao svojeg prijatelja do deset sati. **e.** Ona je bila sa svojom prijateljicom čitav dan na plaži.

6.

Danas idemo na izlet. – Sutra ćemo ići na izlet.

a. Danas idemo na izlet. **b.** Zašto ne ideš danas na predavanje iz povijesti? **c.** One kreću danas svojim autom u Zagreb oko deset sati. **d.** Mi ne možemo danas ići na izlet jer spremamo ispite iz književnosti.

7.

On zove svojeg kolegu na izlet. – Oni zovu svoje kolege na izlet.

a. On zove svojeg kolegu na izlet. **b.** Zašto nisi pozvala i svoju sestru na piknik? **c.** Doći ću u kino ako pozoveš svojeg brata. **d.** Zašto ne pozoveš i svoju rodbinu?

8.

Doći ću u osam sati. – Došao sam u osam sati.

a. Doći ću u osam sati. **b.** Oni će doći kući oko pet sati poslije podne. **c.** One će doći na piknik tek u dva sata po podne. **d.** Mi ćemo doći u školu u jedan sat.

9.

Ona će doći ako i ti ... – Ona će doći ako i ti dođeš.

a. Ona će doći ako i ti ... **b.** Ja ću doći ako i ona ... **c.** Ti ćeš doći ako i ja ... **d.** Mi ćemo doći ako i one ...

10.

Njegova sestra je pošla tramvajem u grad. – Njegove sestre su pošle tramvajem u grad.

a. Njegova sestra je pošla tramvajem u grad. **b.** Moj prijatelj je pošao pješice prema šumi. **c.** Ona je pošla prema kući. **d.** Ja sam pošao prema autu, a nisam se mogao sjetiti gdje je auto ostao.

11.

Zašto nisi duže čekao? (predstava je počela već u osam sati) – Nisam mogao duže čekati jer je predstava počela već u osam sati.

a. Zašto nisi duže čekao? (predstava je počela već u osam sati) **b.** Zašto niste došli k mojim roditeljima? (bili smo u kinu) **c.** Zašto nisi došla na piknik? (mjesto sastanka je bilo daleko) **d.** Zašto nije Mirjana došla? (nije bilo auta kod kuće)

12.

Prijevod – Übersetzung

a. Ihr seid schon um 5 Uhr nach Cres gefahren. Warum habt ihr nicht länger auf eure Freunde warten können? **b.** Es tut mir leid, aber ich wußte nicht (mit Perfekt!), daß sie ein Taxi nehmen mußten (Perfekt!). **c.** Wir sind schon um acht Uhr ins Theater gegangen, weil wir nicht gewußt haben, wann das Stück anfängt. **d.** Es ist nicht meine Schuld gewesen, aber ich versuche bei nächster Gelegenheit pünktlicher zu sein – sagt Mirjana. **e.** Wir sind mit den Autos in die Stadt gefahren: Ich mit meinem und mein Freund mit seinem. **f.** Das Buch seiner Mutter befindet sich zu Hause auf dem Tisch.

Test 2

A. povesti (1), kupiti (2), doći (3), si kupiti (4)

a. Danas ću ... nekoliko knjiga u gradu. **b.** Otac će Mirjani ... auto. **c.** Mi ćemo ... oko tri sata. **d.** Ja ću naime ... svoje prijatelje. **e.** Ako ti dođeš, ... ću i ja.

B. će (1), ćeš (2), ćemo (3), hoće (4)

a. Ne znam ... li on doći. **b.** Njegov brat kaže da ... mi sutra ići na izlet. **c.** Ti si rekao da ... kupiti Nadi auto. **d.** Zašto si rekla da ... doći ako ne možeš? **e.** One ... pripraviti sve za piknik.

C. Čekat (1), Kupit (2), čekati (3), kupiti (4), povesti (5), Povest (6)

a. ... ću na piknik svoju rodbinu. **b.** Ona će ... svojeg brata. **c.** Mi ćemo ... meso i vino. **d.** ... ćemo danas knjige u gradu. **e.** Ti ćeš ... svoju prijateljicu. **f.** ... ću i ja svoju pred lukom.

D. neće (1), neće doći (2), nećeš (3), nećemo (4)

a. Ona ... jer je bolesna. **b.** Zašto ... ti kupiti vino, ako ja kupim meso? **c.** One ... ići na izlet jer moraju ostati kod kuće. **d.** Mi smo rekli da ... doći u kazalište.

E. Nećemo (1), Nećeš (2), Neće (3)

a. ... li ti danas doći na plažu? **b.** ... li ona nabaviti meso za piknik? **c.** ... li se mi sutra vidjeti?

F. knjizi (1), knjigu (2), knjige (3), knjiga (4), knjigama (5)

a. Ona čita mnogo ... **b.** On voli ... na njemačkom jeziku. **c.** U ... ima dobrih stvari. **d.** Zašto mi nisi donio moju ...? **e.** O toj ... sam mnogo čitao.

G. kupiti (1), kupuje (2), kupuješ (3), kupiš (4), kupujete (5)

a. Ako mi ... jednu knjigu, pozvat ću njezinu sestru na rođendan. **b.** Ti ... svaki dan knjige. **c.** Gdje ona ... svoje knjige? **d.** Gdje ona ... tako mnogo knjiga? **e.** On si hoće ... jedan roman na hrvatskom jeziku. **f.** Zašto ne ... svoje knjige uvijek u knjižari na trgu? **g.** Nećete li danas ... njemačku gramatiku?

H. dođu (1), dođe (2), dolazi (3), dolazila (4), došla (5)

a. On ... svaki dan u osam sati. **b.** Ako on ... do osam sati, čekat ću pred autobusom. **c.** Svaki dan je ... točno u dva sata kući. **d.** Ona nije ... do osam sati pa sam otišao kući. **e.** Zašto ne ... i tvoje kolegice jedanput na plažu?

I. razmislite (1), razmišljate (2), razmisliti (3), razmišlja (4), razmislim (5)

a. Moram ... što ću reći njezinom bratu. **b.** On ... o svojim problemima i o studiju. **c.** Kad ..., pisat ću odmah kući. **d.** Vi mnogo ... **e.** Ako ne ... do danas poslije podne, idem sa svojim bratom na kupalište.

J. maloj luci (1), lijepom vremenu (2), broda (3), minuta (4), zgodnom mjestancu (5), velikih stabala (6), brodićem (7)

a. Pošli smo na izlet pri ... **b.** Vlasnik ... čekao je izletnike sa svojim ... u ... **c.** Nakon nekoliko ... more je bilo uzburkano. **d.** Piknik su pripravili na ... u šumi s mnogo ...

K. stablom (1), kupalištu (2), hladovini (3), ljudi (4), morske (5), uzburkanog mora (6), brata (7), majke (8)

a. Piće je bilo u ... pod jednim ... **b.** Na ... kod luke na Cresu leži mnogo ... na pjesku. **c.** Moja majka se boji ... jer stalno misli na ... pse. **d.** Knjiga mojeg ... je na stolu. **e.** Došli su prijatelji Verine ...

L. svojoj (1), roditeljima (2), stol (3), Njegova (4), moj (5), naši (6)

a. On je stavio olovku na moj ... **b.** Nada ide k ... prijateljici. **c.** On se zahvaljuje svojim ... **d.** Boris ima svoju knjigu. ... knjiga je ostala u školi. **e.** Nada i Boris pozdravljaju prodavačicu. Nada kaže: Boris je ... prijatelj. **f.** To su Ivan i njegova žena. Oni su ... prijatelji.

M. čistom (1), dobrom (2), nemirnog (3), dobra (4), dobrom (5)

a. Njegov otac je dobar, ali majka nije ... **b.** Mi stalno razgovaramo s našom ... majkom. **c.** On često govori o svojem ... bratu. **d.** Zašto se ona boji ... mora? **e.** Ja se divim ... moru.

N. književnosti (1), povijesti (2), književnost (3)

a. Ona pohađa sva predavanja iz ... **b.** Zašto studiraš njemačku ...? **c.** Njemačka ... je jako zanimljiva. **d.** U kantini su razgovarali o ... i ...

O. hrvatski (1), njemački (2), hrvatskog (3)

a. Danas sam si kupio gramatiku ... jezika. **b.** Studiram već dvije godine ... jezik. **c.** Ona govori dobro ... i ...

P. svaki (1), Svako (2), svako (3)

a. Nada ide na plažu. Ona ide ... dan na more. **b.** To je lijepo kupalište. ... kupalište je lijepo. **c.** On govori dobro talijanski. Talijanski govori ... dijete.

Q. peti (1), petom (2), trećem (3), prvom (4), četvrtoj (5), dvadeset i sedmoj (6)

a. Ove godine smo u ... semestru. **b.** Vera je u ... semestru, a Mirjana tek u ... **c.** Ona studira već tri godine. Sada je u ... **d.** Ja imam dvadeset i šest godina, sad sam u ... **e.** Njegov sin ima pet godina. On danas slavi svoj ... rođendan.

R. uživio (1), uživjela u (2), uživjeli (3)

a. Ona se ... studentski život nakon kratkog vremena. **b.** Mi se nismo još ... **c.** On se ... tek u petoj godini.

S. bila (1), Je li (2), smo bili (3), bio (4), nismo (5), si bila (6)

a. Gdje si ... danas, Branko? **b.** Ja i Nada ... u kinu. **c.** ... ona bila kod kuće? **d.** Vera, zašto nisi danas ... na fakultetu? **e.** Mi ... bili u kazalištu jer smo bili bolesni. **f.** Gdje ... danas s tvojim prijateljem?

T. pomagao (1), spremala (2), započeli (3), ostala (4), imao (5), se odmorila (6), položila (7), znao (8), mislio (9)

a. Nakon nekoliko minuta ... smo razgovor o praznicima. **b.** Ona je ... ispite za vrijeme ljetnih praznika. **c.** Ja sam ... roditeljima kod kuće. **d.** Za vrijeme semestra sam ... mnogo problema s ispitima. **e.** Zašto si ... kod kuće, Vera? **f.** Mirjana je na vrijeme ... svoju maturu. **g.** Bila je na izletu i dobro ... **h.** Nisam ... da si bio bolestan. **i.** Branko, na što si ... kad si bio u kazalištu?

U. za vrijeme (1), poslije (2), nekoliko (3), Od (4), do (5)

a. Poslije ... sati smo došli do luke. **b.** Došao je kući ... izleta. **c.** Ona je bila u Dubrovniku na maturalnom putovanju ... praznika. **d.** Od Zagreba ... Karlovca ima pedeset kilometara. **e.** ... riječke luke ... Cresa trebali smo sat vožnje brodom.

V. ispod (1), na (2), njemačke (3), nakon (4), kod (5)

a. Krenuli smo ... kratkog vremena prema šumici. **b.** Nada je ostala ... ražnja i vatre. **c.** Semestar je započeo ... ljetnih praznika. **d.** On mi je kupio francusku gramatiku, umjesto ... **e.** Vesna je zaspala ... stabla ... travi. **f.** Čaše su ostale ... stolica.

W. bijelo (1), velikih (2), suhog (3), uzburkanom (4), malog (5)

a. Za vatru nismo imali ... granja. **b.** Izletnici su sjedili ispod ... stabala i pili ... vino. **c.** One su bile u brodiću na ... moru. **d.** Vlasnik ... brodića je čekao izletnike.

X. u (1), pred (2), oko (3), prema (4)

a. Ona je krenula ... luci, a nakon kratkog vremena je otišla ... šumu. **b.** Kući smo krenuli ... osam sati ... večer.

Y. ožednjela (1), ogladnjeli (2), pronašli (3), legli (4), krenuli (5), otišli (6), mogao (7), došla (8)

a. Gdje ste ... čistinu? **b.** Svi su ... pod stabla. **c.** Izletnici su ..., a Vesna je i ... **d.** Na izlet su ... rano ujutro, pri izlasku sunca. **e.** Moji roditelji su ... u grad. **f.** Je li Nada ... kući? **g.** Zašto nisi ... doći na plažu?

Z. pozvao (1), pozvala (2), pozovete (3), pozoveš (4)

a. Danas nisam ... svoje prijatelje, kaže Nada. **b.** Borise, jesi li ti ... svoju prijateljicu? **c.** Ako ... svoje kolege na piknik, oni će doći. **d.** Zašto ne ... i rodbinu na izlet? **e.** Ona neće doći jer nisi ... njezinog prijatelja.

13A

Polazak

– Idi mi s puta, Vesna! Zar ne vidiš da mi smetaš?
– Pa ne stojim ja tebi na putu! Ti smetaš meni! Ne vidiš li da se i ja moram spremati?
– Budi mirna, Vesna! Ti si manja, tebi ne treba toliko mjesta! – umiješat će se mama.
– Vidi, molim te! Ja sam manja! To znači da ja mogu ovako prljava ići u posjet svojoj baki i djedu, ili?
– Smiri se, Vesna! Budi dobra! Tata nije mislio tako!
– Neka se onda ispriča, ako nije mislio tako! Ja ne znam što i kako on misli.
– O! Oprostite gospođice! Nisam znao da sam Vas tako uvrijedio!
– Mama! On mi se još ruga! Nauči ga kako se pristojno ponaša!
– On se šali, Vesna! Kako si ti to danas osjetljiva?
– Vesna, budi tako ljubazna pa mi donesi cipele i čarape iz hodnika, i kravatu mi možeš donijeti; novac je također u sobi u ormaru i ...

– I što još?
Neka ti donese mama, kad se već tako dobro razumijete!
Vesna, donesi mi ovo, donesi mi ono, Vesna bježi mi s puta, Vesna budi pristojna!
Hoćete još nešto od mene?
Pustite me na miru!
Imam i svog posla.

I tako se mama zamjerila Vesni, Vesna opet tati te su svi pri polasku posjedali u kola i udaljili se od kuće bez riječi.

Tek je pri dolasku Vesna uvidjela da je ona svemu kriva pa se ispričala i pomirila s mamom i tatom.

1. Imperativ

13B

- **Idi** mi s puta, Vesna! – *Geh mir aus dem Weg, Vesna!*
- **Neka** ti ona **donese!** – *Sie soll es dir holen.*

Singular

1.	–	–	–	–	–
2.	ȉdi	vȉdi	čìtāj	ìmāj	bȕdi
3.	**nȅka ȉdē**	**nȅka vȉdī**	**nȅka čìtā**	**nȅka ìmā**	**nȅka bȕdē**

Plural

1.	ȉd**imo**	vȉd**imo**	čìtā**jmo**	ìmā**jmo**	bȕd**imo**
2.	ȉd**ite**	vȉd**ite**	čìtā**jte**	ìmā**jte**	bȕd**ite**
3.	**nȅka ȉdū**	**nȅka vȉdē**	**nȅka čìtajū**	**nȅka ìmajū**	**nȅka bȕdū**

Beachte:
1. Für die erste Person Sg. gibt es keine Imperativform.
2. Die dritte Person Sg. und Pl. werden mit dem Aufforderungswort *neka* (ungefähr = „soll") und der entsprechenden Präsensform: *Neka ide.* „Er soll gehen." gebildet.

2. Deklinacija ličnih zamjenica – Deklination der Personalpronomina

● **Tebi** ne treba toliko mjesta.	*Du brauchst nicht so viel Platz. (Dir ist so viel Platz nicht notwendig.)*
● Vidi, molim **te!**	*Sieh mal, ich bitte dich!*
● On vidi **mene.**	*Er sieht mich.*
● On **me** vidi.	*Er sieht mich.*

Singular

N.	**jâ**	–	**tî**	–	**ôn**	–	**òna**	–	**òno**	–
G.	**mène**	*me*	**tèbe**	*te*	**njèga**	*ga*	**njê**	*je*	**njèga**	*ga*
D.	**mèni**	*mi*	**tèbi**	*ti*	**njèmu**	*mu*	**njôj**	*joj*	**njèmu**	*mu*
A.	**mène**	*me*	**tèbe**	*te*	**njèga**	*ga*	**njû**	*je, ju*	**njèga**	*ga*
V.	–	–	**tî**	–	–	–	–	–	–	–
L.	**mèni**	–	**tèbi**	–	**njèmu**	–	**njôj**	–	**njèmu**	–
I.	**mnôm**	–	**tòbōm**	–	**njîm**	–	**njôm**	–	**njîm**	–

Die unbetonte Form im A. Sg. f. lautet *je* und *ju*. Anstatt *je* wird die Form *ju* gebraucht, wenn hinter ihr das enklitische *je* (3. Pers. Sg. Präs. von *biti*) kommt wie z. B. *On* **ju je** *vidio.* „Er hat sie gesehen." oder wenn vor ihr ein Verb mit der Endung *-je* steht wie z. B. *On pije samo kavu. Pi***je ju** *kao vodu.* „Er trinkt nur Kaffee. Er trinkt ihn wie Wasser."
Vor der Form *mnom* (I. Sg. von *ja*) werden die Präpositionen um ein *-a* erweitert: *s***a** *mnom* „mit mir", *pred***a** *mnom* „vor mir" usw.

Plural

N.	**mî**	–	**vî (Vî)**	–	**òni** –	**òne**	–	**òna**	–
G.	**nâs**	*nas*	**vâs**	*vas*		**njîh**	*ih*		
D.	**nȁma**	*nam*	**vȁma**	*vam*		**njȉma**	*im*		
A.	**nâs**	*nas*	**vâs**	*vas*		**njîh**	*ih*		
V.	–	–	**vî**	–		–	–		
L.	**nȁma**	–	**vȁma**	–		**njȉma**	–		
I.	**nȁma**	–	**vȁma**	–		**njȉma**	–		

Gebrauch der Personalpronomina

Betont

- Ti se **mene** bojiš, a ne ja **tebe.** – *Du hast Angst vor mir und ich nicht vor dir.* – **Hervorhebung**
- **Tebe** se ne bojim. – *Vor dir habe ich keine Angst.* – **Anfang des Satzes**
- Ne bojim se **tebe**, a ni **njega.** – *Ich habe keine Angst vor dir und auch nicht vor ihm.* – **Nach Konjunktionen** *a, i, ni*
- Bio sam kod **njega.** – *Ich war bei ihm.* – **Nach Präpositionen mit Genitiv und Dativ**

Unbetont

Die unbetonten Formen können nie die erste Position im Satz einnehmen.

- Zašto **me** se bojiš? – *Warum hast du Angst vor mir?*
- Jučer sam **ti** dao knjigu. – *Gestern habe ich dir das Buch gegeben.*

3. Höflichkeitsform

Für die Höflichkeitsform wird die zweite Person Plural *(Vi)* gebraucht und wird in allen Kasusformen zum Unterschied zur zweiten Person Plural groß geschrieben: *(Vi, Vas, Vama).*
Die Adjektiva und veränderbaren Partizipien werden im Maskulinum gebraucht: *Gdje ste* **bili**, *gospođo Milić!* „Wo waren Sie, Frau Milić!"

- Kako **ste?** – *Wie geht es Ihnen?*
- Gdje **ste bili?** – *Wo waren Sie?*
- Je li to **Vaš** brat? – *Ist das Ihr Bruder?*
- Vidio sam **Vas** danas u gradu. – *Ich habe Sie heute in der Stadt gesehen.*
- **Oprostite** gospođice! – *Verzeihen Sie, Fräulein!*

4.

- Tebi ne treba toliko mjesta! – **umiješat će se mama.**
  – *Du brauchst nicht so viel Platz! – mischt sich die Mutter ein.*

Die Futurform *umiješat će se mama* hat hier Gegenwartsbedeutung. Solche Futurformen werden häufig anstatt des Präsens beim lebhaften Erzählen gebraucht.

13 C

1.

Idem kući. Umoran sam. – Pa idi, ako si umoran!

a. Idem kući. Umoran sam. **b.** Idemo kući. Umorne smo. **c.** Idem kući. Umorna sam. **d.** Idemo kući. Umorni smo. **e.** On ide kući. Bolestan je. **f.** Ona ide u školu. Već je kasno. **g.** Oni idu u kazalište. Ovdje je dosadno. **h.** One idu u park. Tamo je svjež zrak.

2.

On je nemiran. – Zašto je nemiran? Neka bude miran.

a. On je nemiran. **b.** Ona je nemirna. **c.** On nije dobar. **d.** Ti nisi dobar. **e.** One nisu dobre. **f.** Vi niste dobre. **g.** Mi smo nemirni.

3.

Boris čita novine. (knjiga). – Borise, zašto čitaš novine? Čitaj knjigu.

a. Boris čita novine. (knjiga). **b.** Ona čita romane. (gramatika). **c.** Opet čitaš kriminalne romane. (njemačka gramatika). **d.** Previše čitamo novine. (knjige za naš studij). **e.** Uvijek čitate dosadne knjige. (zanimljive knjige).

4.

On ima mnogo posla. – Neka ima.

a. On ima mnogo posla. **b.** Ona ima malo vremena. **c.** Oni imaju jako mnogo novaca. **d.** One imaju uvijek neke probleme.

5.

On pita gdje je tvoja knjiga. – Neka vidi tamo u sobi.

a. On pita gdje je tvoja knjiga. **b.** Ona hoće znati gdje je tvoj rječnik. Boris hoće znati gdje si ostavio loptu. **d.** Pitao sam te gdje si ostavio moje cipele.

6.

Idi mi s puta! Smetaš mi! – Smetaj i ti meni!

a. Idi mi s puta! Smetaš mi! **b.** Idite mi s puta! Smetate mi! **c.** Pustite me na miru! Smetate mi.

7.

Ja se bojim tebe. – Bojim te se.

a. Ja se bojim tebe. **b.** Ti se bojiš mene. **c.** On se boji njega. **d.** On se boji mene. **e.** Ona se boji njega. **f.** Ja se bojim vas. **g.** Ti se bojiš nas. **h.** Mi se bojimo njih.

8.

Tebi dajem knjigu. – Dajem ti knjigu.

a. Tebi dajem knjigu. **b.** Meni daješ knjigu. **c.** Tebi pišem pismo. **d.** Njemu sam rekao da dođe. **e.** Tebi sam rekla da sam bolesna. **f.** Njoj sam rekao da sam bio u gradu. **g.** Njoj sam pisao pismo. **h.** Vama sam rekao da idem u školu. **i.** Nama ste kupili poklone. **j.** Njima smo dali svoj radio. **k.** Njima sam rekao da idem kući.

9.

On kaže da je mene vidio. – Kaže da me je vidio.

a. On kaže da je mene vidio. **b.** Rekla je da je tebe vidjela u gradu. **c.** Ja mislim da sam baš tebe vidio u gradu. **d.** Njega sam vidio danas u gradu. **e.** Nju nisam danas uopće vidio. **f.** Vas sam pitao gdje ste bili. **g.** Nas je danas posjetio naš brat. **h.** Njih sam pitao gdje su bile danas. **i.** Njih sam pitao gdje su bili.

10.

Razgovarali su o (ja). – Razgovarali su o meni.

a. Razgovarali su o (ja). **b.** Pričao je o (on). **c.** Govorili smo o (ona). **d.** Pričali su o (ti) u školi. **e.** Razgovarao sam s vašim učiteljem o (vi). **f.** Jučer ste govorili s vašim prijateljima o (mi). **g.** O (one) se govori mnogo na ulici. **h.** Oni dolaze, a mi baš govorimo o (oni).

11.

Ideš li sam u kino? (ona). – Ne idem sam, idem s njom.

a. Ideš li sam u kino? (ona). **b.** Jesi li bio sam u kazalištu? (one). **c.** Ide li on sam danas na plažu? (mi). **d.** Jesi li bio s njim u kinu? (vi). **e.** Ideš li sa mnom u grad? (on).

12.

Ti si rekao da si bio bolestan. – Vi ste rekli da ste bili bolesni.

a. Ti si rekao da si bio bolestan. **b.** Je li to tvoja knjiga? **c.** Vidio sam te danas na trgu. **d.** Dao sam ti knjigu još jučer. **e.** O tebi se pričalo.

13.

Boris je bio danas u gradu. – – Tko je bio u gradu? – Kad je bio Boris u gradu? – Gdje je bio Boris danas?

a. Boris je bio danas u gradu. **b.** On je bio jučer na kupalištu. **c.** Mi smo bili prije dva dana u kazalištu. **d.** Moji roditelji su od jučer do danas navečer u Zagrebu. **e.** Moji prijatelji su bili za vrijeme ljetnih praznika na maturalnom putovanju u Dubrovniku. **f.** Sutra moramo ostati kod kuće.

14.

Prijevod – Übersetzung

a. Verzeihen Sie, können Sie mir sagen, wo das Theater ist? **b.** Sei ruhig! Du brauchst nicht so viel Platz. **c.** Seien Sie so liebenswürdig und bringen Sie mir ein Glas Wasser. **d.** Ich habe mehr Angst vor ihr als vor ihm. **e.** Ihm habe ich das Buch gegeben und nicht dir. **f.** Willst du mit mir heute abend ins Kino oder ins Theater gehen? **g.** Ich war gestern mit ihr am Strand. **h.** Deine Freunde haben sehr viel über dich erzählt. **i.** Ich habe sie (Sg. f.) gestern auf der Straße mit ihm gesehen. **j.** Er soll dir deine Strümpfe holen, ich habe keine Zeit. **k.** Gehe ihm aus dem Weg! Siehst du nicht, daß du ihn störst. **l.** Ich habe Ihnen schon gesagt, daß mein Freund krank ist.

14 A

U Markovoj sobi

Marko i Stjepan su danas ostali kod kuće zbog lošeg vremena. Htjeli su ići u zoološki vrt, ali je iznenada počela padati kiša.
Jak pljusak se doduše ubrzo stišao, ali je kiša padala i dalje. Ceste i ulice su bile pune vode pa su Marko i Stjepan odlučili ostati u stanu Markovih roditelja. Povukli su se u Markovu sobu te su nesmetano mogli slušati muziku.

Marko ima mnogo gramofonskih ploča. Neke si je kupio sam, mnoge je dobio na poklon od roditelja, a neke je čak posudio od svojih prijatelja.
Marko studira glazbu te ima mnogo ploča s klasičnom muzikom. Njegov se prijatelj Stjepan slabo razumije u klasičnu glazbu. Više mu se sviđaju moderne pjesme, a najviše neki ritmovi i udaranje bez teksta.

Marko je htio upravo poslušati neku simfoniju od Beethovena, no Stjepan ga je htio odvratiti od njegove namjere:

– Nemoj stavljati tu ploču, molim te! Znaš da nisam veliki ljubitelj klasične muzike. Poštujem doduše tvoju struku, ali znaš kako je. Htio sam se malo rastresti, smiriti. Ta zvonjava mi ide na živce.
– Ja sam mislio da klasična muzika smiruje, a da ti neskladni ritmovi i to atonalno udaranje po bubnjevima upravo živciraju. Ta to vrijeđa svaki, donekle uglađeni sluh za glazbu.
– Nemoj se ljutiti, Marko! Ja sam htio reći da te simfonije zahtijevaju veću koncentraciju, a ja sam previše rastrešen.
– Pa kad si rastrešen, zašto se hoćeš još više rastresati?
– Nisam se mislio rastresati u tom smislu, nego ...
– Ti ni sam ne znaš što hoćeš. Ako se hoćeš smiriti, uzmi klasičnu muziku, a ako se hoćeš rastresti, uzmi tamo s police zabavne ploče. To su bratove. Ti i on ste jednaki.
– Ništa zato! Onda sam se ipak htio rastresti!

1. Imperativ

Negativni oblik – Negative Form

Singular

1.	–	–	–	–
2.	**ne** rádi	**ne** ljúti **se**	**nèmōj** ráditi	**nèmōj se** ljútiti
3.	**nȅka nè** rādī	**nȅka se nè** ljūtī	–	–

Plural

1.	**ne** rád**imo**	**ne** ljút**imo se**	**nèmōjmo** ráditi	**nèmōjmo se** ljútiti
2.	**ne** rád**ite**	**ne** ljút**ite se**	**nèmōjte** ráditi	**nèmōjte se** ljútiti
3.	**nȅka nè** rādē	**nȅka se nè** ljūtē	–	–

Die negativen Imperativformen werden durch das Voransetzen der Negation *ne* und Imp.: *ne radi* oder durch *nemoj* (2. Pers. Sg.), *nemojmo* (1. Pers. Pl.), *nemojte* (2. Pers. Pl.) und Infinitiv gebildet. In Texten, bei denen der Zusammenhang deutlich ist, kann die Infinitivform ausgelassen werden:

● Danas idem u grad. – *Heute gehe ich in die Stadt.*
Nemoj! Ostani kod kuće. – *Laß es! Bleib zu Hause.*

2. Pridjevi sa završetkom na nepčani suglasnik – Adjektiva, die auf einen palatalen Konsonanten (Gaumenkonsonant) enden

lȍšī -ā, **-ē** – *schlecht*
vȅćī, -ā, **-ē** – *größer (Komparativ)*
vȉšī, -ā, **-ē** – *höher (Komparativ)*
dȁ**ljī**, -ā, **-ē** – *weiter (Komparativ)*

Adjektiva, die auf einen palatalen Konsonanten enden, haben im N. Sg. n. **-e** *(loši, -a, loš***e** ↔ *dobri, -bra, dobr***o***)* und in der Deklination haben sie anstatt **-og** (G. Sg. m. und n. und A. Sg. m. für belebte Wesen), **-om** (D. und L. Sg. m. und n.) die Endungen **-eg** und **-em:** *dobr***og** ↔ *loš***eg,** *dobr***om** ↔ *loš***em.**

Singular

	m.	*f.*	*n.*	*m.*	*f.*	*n.*
N.	lȍšī	lȍšā	lȍš**ē**	dȍbrī	dȍbrā	dȍbr**ō**
G.	lȍš**ēg**	lȍšē	lȍš**ēg**	dȍbr**ōg**	dȍbrē	dȍbr**ōg**
L.	lȍš**ēm**	lȍšōj	lȍš**ēm**	dȍbr**ōm**	dȍbrōj	dȍbr**ōm**

3. Posvojni pridjevi na *-ov, -ev, -in* **– Die Possessivadjektiva auf** *-ov, -ev, -in*

- To je brat**ova** ploča. – *Das ist die Schallplatte des Bruders.*
- Ušli su u Mark**ovu** sobu. – *Sie sind in Markos Zimmer eingetreten.*
- Vidio sam Nad**ina** prijatelja. – *Ich habe Nadas Freund gesehen.*
- To su oč**eve** knjige. (očev < otac = *Vater*) – *Das sind Vaters Bücher.*
- To je sestr**in** auto. – *Das ist das Auto der Schwester.*

brȁt**ov, -a, -o** – *dem Bruder gehörend; des Bruders*
ȍč**ev, -a, -o** – *dem Vater gehörend; des Vaters*
sèstr**in, -a, -o** – *der Schwester gehörend; der Schwester*

Singular

N.	brȁt**ov**	–	brȁt**ova**	(-ā)	brȁt**ovo**	(brȁtovō)
G.	brȁt**ova**	(brȁtovōg)	brȁt**ove**	(-ē)	brȁt**ova**	(brȁtovōg)
D.	brȁt**ovu**	(brȁtovōm)	brȁt**ovoj**	(-ōj)	brȁt**ovu**	(brȁtovōm)
A.	brȁt**ova**	(brȁtovōg)	brȁt**ovu**	(-ū)	brȁt**ovo**	(brȁtovō)
	brȁt**ov**	*(= unbelebt)*				
V.	–	(brȁtovī)		(-ā)	–	(brȁtovō)
L.	brȁt**ovu**	(brȁtovōm)	brȁt**ovoj**	(-ōj)	brȁt**ovu**	(brȁtovōm)
I.	brȁt**ovim**	(brȁtovīm)	brȁt**ovom**	(-ōm)	brȁt**ovim**	(brȁtovīm)

Die Possessivadjektiva haben im Singular die unbestimmte Deklination des Adjektivs (G. *bratova*), werden aber auch hin und wieder nach der bestimmten Deklination (G. *bratovog*) dekliniert.

Plural

N.	brȁt**ovī,** *usw.*	brȁt**ovē,**	brȁt**ovā**

Im Plural werden sie nach der bestimmten Deklination wie N.: *dobri, dobre, dobra;* G. *dobrih, dobrih, dobrih* usw. dekliniert.

4. Komparacija pridjeva – Komparation der Adjektiva

- On je **velik,** njegov brat je još **veći,** a otac je **najveći.** – *Er ist groß, sein Bruder ist noch größer, und der Vater ist am größten.*
- Ja imam **mnogo** ploča, ti imaš **više,** a on ima **najviše.** – *Ich habe viele Platten, du hast mehr und er hat am meisten.*

vȅlik – **vȅćī** – **nâj**većī
mnȍgo – **vȉše** – **nâj**više

5. *zbog + G. = wegen + G.*

Zbog loš**eg** vremen**a** – *Wegen des schlechten Wetters*

6. *razumjeti se u + A. = sich auf etwas verstehen*

- On se slabo **razumije u** glazb**u.** – *Er versteht sich schlecht auf Musik.*

7. Pokazne zamjenice – Demonstrativpronomina

òvāj	stôl	**òvā**	knjȉga	**òvō**	môre	– dieser, -e, -s hier
tâj	stôl	**tâ**	knjȉga	**tô**	môre	– dieser, -e, -s da, bei dir
ònāj	stôl	**ònā**	knjȉga	**ònō**	môre	– jener, -e, -s dort

N. sg.	òvāj, òvā, òvō	N. pl.	òvī, òvē, òvā
A.	òvōg, òvū, òvō	A.	òvē, òvē, òvā
	òvāj *(unbelebt)*		
	usw.		

Die Demonstrativpronomina haben die Deklination des bestimmten Adjektivs.

8. Neodređena zamjenica *neki, -ka, -ko* **– Das unbestimmte Pronomen** *neki* **„ein, -e, -", Pl. „einige"**

● **Neke** ploče je posudio od prijatelja. – *Einige Platten hat er von seinen Freunden geliehen.*

Das unbestimmte Pronomen *nèkī, -kā, -kō;* Pl. *nèkī, -kē, -kā* hat die Deklination des bestimmten Adjektivs.

14 C

1.

Marko, idi u školu! – Marko, ne idi u školu!

a. Marko, idi u školu! **b.** Vera, daj mi čašu vode! **c.** Idite mu s puta! **d.** Pusti ih na miru! **e.** Neka ona dođe! **f.** Neka oni dođu ako mogu!

2.

Marko se ljuti. – Nemoj se ljutiti!
– Ne ljuti se!

a. Marko se ljuti. **b.** Vera se ljuti. **c.** Vi se ljutite. **d.** Oni se ljute. **e.** Mi se ljutimo.

3.

Danas idem u kino. – Nemoj, ostani kod kuće!

a. Danas idem u kino. **b.** Moramo ići na predavanja. **c.** Zašto idete s roditeljima na izlet? **d.** Bolestan sam, a moram ići na posao. **e.** Kiša pada, a Vi morate ići u grad.

4.

Vrijeme je loše. Ne možemo ići na šetnju. – Zbog lošeg vremena ne možemo ići na šetnju.

a. Vrijeme je loše. Ne možemo ići na šetnju. **b.** Njezin ispit je bio loš. Nije mogla ići na maturalno putovanje. **c.** Njegovi rezultati poslije drugog semestra su bili loši. Morao je učiti i za vrijeme ljetnih praznika.

5.

Taj stol je velik. (ovaj). – Taj stol je velik, ovaj ovdje je još veći.

a. Taj stol je velik. (ovaj). **b.** Tvoj prijatelj je velik. (njegov). **c.** Moja kuća je velika. (njezina). **d.** Ovo kupalište je veliko. (ono tamo). **e.** Njegovo selo je veliko. (naše). **f.** Moji problemi su veliki. (njegovi).

6.

Otac ima mnogo knjiga. – To su očeve knjige.

a. Otac ima mnogo knjiga. **b.** Otac ima mnogo prijatelja. **c.** Moj otac ima kuću. **d.** Otac ima auto. **e.** Moj brat ima mnogo ploča sa zabavnim pjesmama. **f.** Moja sestra ima prijatelja.

7.

Slušali su ploče u sobi njegovog brata. – Slušali su ploče u bratovoj sobi.

a. Slušali su ploče u sobi njegovog brata. **b.** Išli su u kino s prijateljem njezinog oca. **c.** Išli smo u grad autom mojeg brata. **d.** Pozvali smo na rođendan prijatelje i kolege našeg oca.

8.

Ti imaš mnogo knjiga. (ja – on). – Ti imaš mnogo knjiga, ja imam još više, a on ima najviše.

a. Ti imaš mnogo knjiga. (ja – on). **b.** Ona ima mnogo posla. (ja – ti). **c.** Mi moramo mnogo učiti. (Vi – oni). **d.** Ona ima mnogo prijatelja. (on – ja).

9.

Vrijeme je bilo loše. Ostao sam kod kuće. – Zbog lošeg vremena sam ostao kod kuće.

a. Vrijeme je bilo loše. Ostao sam kod kuće. **b.** More je bilo loše. Nismo išli na izlet. **c.** Vino je bilo loše. Dva dana smo bili bolesni.

10.

Ti si me nazvao. Zakasnio sam u školu. – Zbog tebe sam zakasnio u školu.

a. Ti si me nazvao. Zakasnio sam u školu. **b.** On je bio kod mene. Zakasnio sam na posao. **c.** Mi smo kasno došli. Jako se ljutio. **d.** Čekali smo je do devet sati, a ona nije došla. **e.** Na putu se dogodila prometna nezgoda. Otišli smo kući.

11.

Taj posao je težak. (On) – On se ne razumije u taj posao.

a. Taj posao je težak. (On) **b.** Ta muzika je dosadna. (Ti) **c.** To su dosadne stvari. (Vi).

12.

Ovaj auto je moj. (Njezin). – Njezin je onaj tamo.

a. Ovaj auto je moj. (Njezin). **b.** Ova knjiga je njegova. (Moja). **c.** Ovo su moje stvari. (Vaše). **d.** Ove ploče su njegove. (Njihove).

13.

Zbog lošeg vremena smo ostali kod kuće. – Tko je ostao zbog lošeg vremena kod kuće? – Gdje smo ostali zbog lošeg vremena? – Zašto smo ostali kod kuće?

a. Zbog lošeg vremena smo ostali kod kuće. **b.** Vera je morala ostati u Zagrebu zbog loših rezultata. **c.** On je ostao u kavani jer je padala kiša. **d.** Mi smo ostali na fakultetu jer smo morali spremati ispite. **e.** Prijatelji su ostali u Markovom stanu jer je iznenada počela padati jaka kiša.

14.

Prijevod – Übersetzung

a. Ich glaube, daß er wegen des schlechten Wetters nicht kommen konnte (Perfekt). **b.** Sie ist nach Hause gegangen, weil sie sich nicht auf klassische Musik versteht. **c.** Nada, gib mir jenes Buch vom Tisch! **d.** Ich habe mir viele Schallplatten gekauft, und einige habe ich von meinen Freunden geliehen. Diese hier sind aber vom Vater. **e.** Er meint, daß er mehr Platten hat als ich. (als ich = nego ja) **f.** Sie sind in Markos Zimmer geblieben, weil es angefangen hat zu regnen. **g.** Er soll nicht zur Arbeit (= na) gehen. Er ist krank. **h.** Geh nicht in die Schule heute, bleib zu Hause! **i.** Ärgern Sie sich nicht! Ich habe es nicht so gemeint. **j.** Er ist zufrieden mit dem Geschenk von Nada. **k.** Ich gehe jetzt zum Picknick, sagt Mladen. Gehe nicht! Bleib mit mir hier! – sagt Mirjana zu ihm.

15 A

Loto

– Čuj, Branko! Zašto ne bismo i mi mogli igrati loto ili sportsku prognozu? Što misliš ti o tome? Čitala sam u novinama da svakog tjedna netko postane na taj način milijuner te da ima mnogo ljudi koji doduše ne dobiju milijunske svote, ali se poprilično obogate. Kupuju si sportska kola, vikendice na moru, motorne čamce i razne druge raskošne stvari. A! što kažeš na to? Ne bi li se isplatilo?

– Znam, Nado, da bi se isplatilo kad bih ja znao da ćemo i mi biti među onima sretnicima koji postaju svakog tjedna milijuneri.

– Ne, ne! Pa nisu to uvijek isti!

– Naravno da nisu uvijek isti! To mi je jasno. Samo mi nije jasno da se nikad ne dogodi da netko dobije na lotu tko je meni poznat. Imam toliko poznanika i svi igraju loto ili sportsku prognozu, ali se nijedan još nije usrećio.

– Kad bi oni znali igrati, možda bi dobili!

– Nada, ne može se to znati! To je jako velika slučajnost. Pri tolikom broju mogućnosti i kombinacija vjerojatnost je gotovo jednaka nuli. A što bi ti uostalom učinila s tolikim novcem?
– Ne znam! O tom nisam još razmišljala. Najvjerojatnije bih dobila srčani udar od velikog iznenađenja ili bih poludjela od prevelike sreće.
– Eto vidiš! Bolje je da ne igraš loto!
– A što bi ti napravio kad bi dobio na lotu?
– Ja? Ne vjerujem da bih poludio jer bih se lakomisleno nadao da ću imati sve pogodke, kao što se i drugi nadaju, pa vjerujem da me to ne bi iznenadilo.
– Stvarno bismo i mi mogli početi igrati loto. Možda ipak nismo tako nesretni! Što misliš?

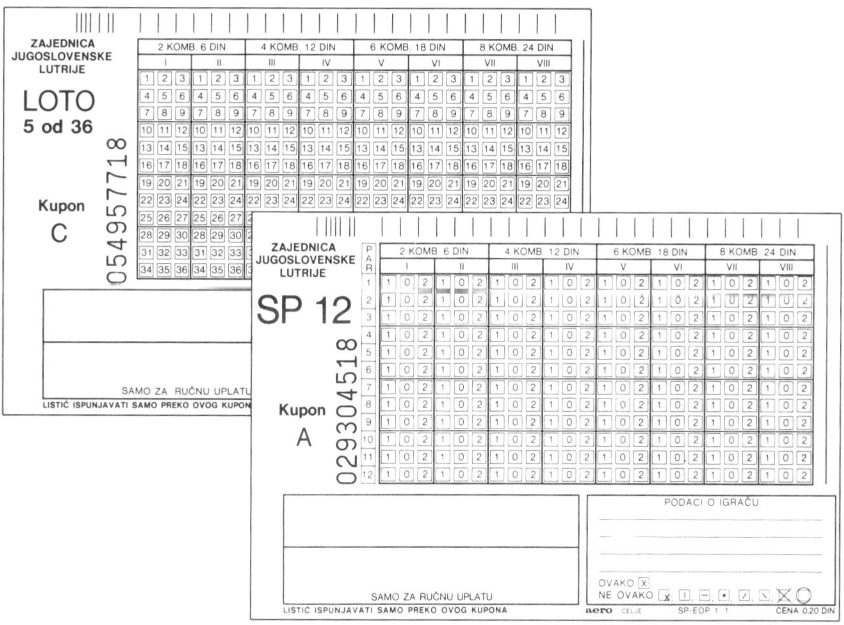

15 B **1. Kondicional prvi – Konditional I**

- Zašto ne **bismo mogli** i mi igrati loto?
  Warum könnten nicht auch wir Lotto spielen?
- Ne **bi** li se **isplatilo?**
  Würde es sich nicht lohnen?
- Kad **bih** ja **znao** da ćemo i mi biti među onima sretnicima!
  Wenn ich wüßte, daß auch wir unter jenen Glücklichen sein werden!
- Kad **bi** oni **znali** igrati, možda **bi dobili!**
  Wenn sie spielen könnten, würden sie vielleicht gewinnen!

		m.	*f.*	*n.*		*m.*	*f.*	*n.*
1.	jâ **bih**	znȁ**o**	znȁ**la**	–	jâ **bih**	mȍga**o**	mȍg**la**	–
2.	tî **bi**	znȁ**o**	znȁ**la**	–	tî **bi**	mȍga**o**	mȍg**la**	–
3.	ôn **bi**	znȁ**o**			ôn **bi**	mȍga**o**		
	òna **bi**		znȁ**la**		òna **bi**		mȍg**la**	
	òno **bi**			znȁ**lo**	òno **bi**			mȍg**lo**
1.	mî **bismo**	znȁ**li**	znȁ**le**	–	mî **bismo**	mȍg**li**	mȍg**le**	–
2.	vî **biste**	znȁ**li**	znȁ**le**	–	vî **biste**	mȍg**li**	mȍg**le**	–
3.	òni **bi**	znȁ**li**			òni **bi**	mȍg**li**		
	òne **bi**		znȁ**le**		òne **bi**		mȍg**le**	
	òna **bi**			znȁ**la**	òna **bi**			mȍg**la**

	m.	*f.*	*n.*	*m.*	*f.*	*n.*
1.	znȁ**o bih**	znȁ**la bih**		mȍga**o bih**	mȍg**la bih**	
2.	znȁ**o bi**	znȁ**la bi**		mȍga**o bi**	mȍg**la bi**	
3.	znȁ**o bi**			mȍga**o bi**		
		znȁ**la bi**			mȍg**la bi**	
			znȁ**lo bi**			mȍg**lo bi**

	m.	*f.*	*n.*	*m.*	*f.*	*n.*
1.	znȁ**li bismo**	znȁ**le bismo**		mȍg**li bismo**	mȍg**le bismo**	
2.	znȁ**li biste**	znȁ**le biste**		mȍg**li biste**	mȍg**le biste**	
3.	znȁ**li bi**	znȁ**le bi**	znȁ**la bi**	mȍg**li bi**	mȍg**le bi**	mȍg**la bi**

2.

- **Bio bih** sretan, kad bih ga vidio.
  Ich wäre glücklich, wenn ich ihn sehen würde.
- **Bila bih** sretna, kad bih ga vidjela.
  Ich wäre glücklich, wenn ich ihn sehen würde. (f.)
- **Htio bih** te posjetiti. – Ja **bih** te **htio** posjetiti.
  Ich möchte dich besuchen.
- **Htjela bih** te posjetiti. – Ja **bih** te **htjela** posjetiti.
  Ich möchte dich besuchen. (f.)

Singular		*Plural*	
bȉ**o bih,**	bí**la bih** …	bí**li bismo,**	bí**le bismo** …
htȉ**o bih,**	htjȅ**la bih** …	htjȅ**li bismo,**	htjȅ**le bismo** …

3. Negativni oblik – Negative Form

- Danas **ne bih htio** raditi. *Heute möchte ich nicht arbeiten.*
- On **ne bi ostao** kod kuće. *Er möchte nicht zu Hause bleiben.*

Sg.	**nè bih,**	**nè bi,**	**nè bi**	òsta**o,**	òsta**la**
Pl.	**nè bismo,**	**nè biste,**	**nè bi**	òsta**li,**	òsta**le**

Sg. jâ **nè bih** òstao**,** **-la,** tî **nè bi** òstao**,** **-la**

4. Upitni oblik – Fragende Form

● **Da li bismo** mogl**i** ići u šetnju?
Könnten wir einen Spaziergang machen?

dȁ li bih, **dȁ li bi** … mȍgao**,** mȍgl**a**

5. Upitno negativni oblik – Fragendverneinende Form

● **Ne bismo li** mogl**i** danas ostati kod kuće?
Könnten wir heute nicht zu Hause bleiben?

nè bih li mȍgao**,** mȍgl**a**
nè bi li mȍgao**,** mȍgl**a**
usw.

nè bih li jâ mȍgao**,** mȍgl**a**
nè bi li tî mȍgao**,** mȍgl**a**
usw.

6. Pluralia tantum

kȍla – *Wagen*
nȍvine – *Zeitung*
ljûdi – *Leute*

N.	*G.*	*D.*	*A.*	*V.*	*L.*	*I.*
kȍl**a**	kôlā	kȍl**ima**	kȍl**a**	kȍl**a**	kȍl**ima**	kȍl**ima**
nȍvine	nȍvīnā	nȍvin**ama**	nȍvine	nȍvine	nȍvin**ama**	nȍvin**ama**
ljûdi	ljúdī	ljúd**ima**	ljûd**e**	ljûdi	ljúd**ima**	ljúd**ima**

7. Naglasak – Betonung

Die Wörter, die keine eigene Betonung haben wie z. B. die Präpositionen *u* „in", *o* „über", *na* „auf", *zbog* „wegen", *kod* „bei" usw. oder einige Konjunktionen wie *i* „und", *ni* „weder – noch, auch nicht" oder die Negation *ne* „nicht", nennt man Proklitika oder Anlehnungswörter. Sie können aber einen kurzfallenden Akzent (̏) oder einen kurzsteigenden (̀) Akzent bekommen, wenn sie vor einem Wort (Substantiv, Adjektiv oder Verb) mit fallenden Akzenten (̏ oder ̂) stehen. Der Akzent des betonten Wortes wird auf solche Proklitika vorgezogen, so daß die Proklitika in einem Atemzug mit ihrem nachfolgenden Wort ausgesprochen werden:

Kod kȕćē sam.	> **Kòd kuće** sam.	– *Ich bin zu Hause.*
Ȉdēm u škôlu.	> Ȉdēm **ù školu.**	– *Ich gehe in die Schule.*
o tèbi	> **ò tebi**	– *über dich*
sa mnôm	> **sȁ mnōm**	– *mit mir*
i jâ	> **ì jā**	– *und ich*
ni ôn	> **nì ōn**	– *auch er nicht*
ne râdīm	> **nè rādīm**	– *ich arbeite nicht*
ne râdīš	> **nè rādīš**	– *du arbeitest nicht*
ne vìdīm	> **nè vidīm**	– *ich sehe nicht*
nȅka ne râdī	> nȅka **nè rādī**	– *er soll nicht arbeiten*
usw.		

15 C

1.

Kad bih znao da si kod kuće, posjetio bih te. – Kad bih znala da si kod kuće, posjetila bih te.

a. Kad bih znao da si kod kuće, posjetio bih te. **b.** Kad bih imao dosta novaca, kupio bih ti ovaj sportski auto. **c.** Kad bih igrao loto, možda bih postao milijuner. **d.** Kad bih mogao doći kući, rado bih Vas posjetio. **e.** Kad bih bio sretan, igrao bih loto. **f.** Kad bih htio, došao bih k tebi.

2.

Kad bi ti znao gdje mi stanujemo, vjerojatno bi nas posjetio. – Kad biste vi znali gdje mi stanujemo, vjerojatno biste nas posjetili.

a. Kad bi ti znao gdje mi stanujemo, vjerojatno bi nas posjetio. **b.** Kad bi ona smjela, poklonila bi ti tu knjigu. **c.** Kad bi on smio ići danas na plažu, ne bi ostao kod kuće. **d.** Kad bi ona bila inteligentna, mogla bi studirati. **e.** Kad bi ti htjela, mogla bi to napraviti. **f.** Kad bih znao što on radi, rekao bih ti.

3.

Ja bih te rado posjetio, ali ne znam gdje stanuješ. – Rado bih te posjetio kad bih znao gdje stanuješ.

a. Ja bih te rado posjetio, ali ne znam gdje stanuješ. **b.** Ti bi mi sigurno poklonila ova sportska kola, ali nemaš novaca. **c.** Ona bi ga večeras pozvala u kino, ali on neće. **d.** Mi bismo došli večeras k vama, ali vi niste kod kuće. **e.** Ona bi išla danas s našim društvom na izlet, ali nema slobodnog vremena. **f.** Pripremili bismo piknik, ali je loše vrijeme.

4.

Vrijeme je loše. Ne možemo ići na izlet. – Kad vrijeme ne bi bilo loše, mogli bismo ići na izlet.

a. Vrijeme je loše. Ne možemo ići na izlet. **b.** Imam premalo vremena. Ne mogu ići u kazalište. **c.** On ima malo novaca. Ne može ti kupiti poklon za rođendan. **d.** Bolesna je. Ne može ići na šetnju. **e.** More je danas uzburkano. Ne možemo ići na kupalište.

5.

Znam da niste kod kuće. Neću doći k Vama. – Kad bih znao da niste kod kuće, ne bih došao k Vama.

a. Znam da niste kod kuće. Neću doći k Vama. **b.** Ona zna da Vi nemate vremena. Neće Vas posjetiti. **c.** Vjerujem da je more uzburkano. Ne idem na plažu. **d.** Znamo da će danas padati kiša. Nećemo ići u grad. **e.** Ona zna da neće položiti maturu. Neće ići na maturalno putovanje u Zadar.

6.

Nemam novaca! – Kad bih imao novaca!

a. Nemam novaca! **b.** Nemam vremena! **c.** Ne može ići na izlet! **d.** Ne možemo položiti ispite! **e.** Ona neće doći! **f.** Ne znam gdje je ona! **g.** Ne znamo gdje je ostala!

7.

Kad bih imao vremena, išao bih u kino. – Da imam vremena, išao bih u kino.

a. Kad bih imao vremena, išao bih u kino. **b.** Kad bi bilo lijepo vrijeme, mogli bismo se sresti na plaži. **c.** Kad bismo mi znali da je on bolestan, posjetili bismo ga. **d.** Kad bi ona bila ovdje, mogla bi nam pomoći. **e.** Kad bih mogao, došao bih rado. **f.** Kad bi ga ona nazvala, on bi išao s nama u kazalište. **g.** Kad bi nas ti slušao, kupili bismo ti sportska kola.

8.

Ona bi mu mogla pomoći kad bi znala gdje je on sada. – Ona bi mu mogla pomoći da zna gdje je on sada.

a. Ona bi mu mogla pomoći kad bi znala gdje je on sada. **b.** Ja bih te posjetio kad bih znao gdje stanuješ. **c.** On bi te nazvao kad bi znao tvoj telefonski broj. **d.** Mi bismo došli na tvoj rođendan kad bi ti slavio kod kuće.

9.

Išao bih s tobom u kino kad bih imao vremena. – Tko bi išao s tobom u kino? – Kamo bih išao s tobom? – Pod kojim uvjetom bih išao s tobom u kino?

a. Išao bih s tobom u kino kad bih imao vremena. **b.** On bi došao na plažu da je lijepo vrijeme. **c.** One bi išle na šetnju da ne pada kiša. **d.** Mi bismo išle na izlet da nije loše vrijeme. **e.** Mi bismo došli na Vaš piknik da more nije uzburkano. **f.** Ona bi išla s nama na fakultet kad bi znala da će tamo sresti svoje prijatelje.

10.

Prijevod – Übersetzung

a. Wenn wir heute abend Zeit hätten, würden wir gerne mit euch ins Theater gehen. **b.** Ich würde sie gerne besuchen, wenn ich wüßte, daß sie krank ist. **c.** Wenn ich könnte, käme ich zu deinem Geburtstag. **d.** Wir könnten ihm helfen, wenn er heute abend zu uns kommen möchte. **e.** Warum könntest du heute nicht zu Hause bleiben? **f.** Mit diesen Leuten könnte ich keinen Ausflug machen. **g.** Wenn er Zeit hätte, würden wir gerne mit seinem neuen Wagen in die Stadt fahren. **h.** Diese Zeitung kann ich nicht lesen, weil sie sehr langweilig ist.

16 A

Pismo

Zagreb, 15. srpnja 198o.

Dragi Borise,

Prošlo je već nekoliko dana otkako sam stigla u Zagreb. Oprosti mi što Ti se nisam prije javila. Moram priznati da mi je prva dva tri dana bilo jako teško, ali sve u svemu i zanimljivo.

Sa zagrebačkog uzletišta uzela sam prvi autobus koji je vozio prema centru grada. Stigla sam do glavnog kolodvora, a onda sam morala prijeći u tramvaj jer je to bilo zadnje stajalište. Morala sam naime uzeti tramvaj koji vozi prema Savi. Sve bi to bilo u redu da nisam imala pune ruke prtljage; jedan kovčeg, dvije putne torbe i ručnu torbicu. Možeš si zamisliti kako sam nespretno izgledala.

Na moje iznenađenje našlo se mnogo ljudi koji su mi pokazali tramvaj, ponijeli mi stvari te mi opširno i s mnogo strpljenja razjasnili gdje moram sići i kako ću najlakše doći do studentskog doma "Nova Sava".

I tako sam se tog poslijepodneva smjestila u studentskom domu s još dvjema kolegicama: jednom iz Francuske i drugom iz Švedske.
One ne znaju njemački, a i ja govorim jako slabo francuski i još gore švedski, pa smo se odmah počele sporazumijevati na hrvatskom. Naša je konverzacija bila u početku prilično oskudna, ali smo se već nakon kratkog vremena jako dobro razgovarale.

Slijedećeg smo jutra zajedno otišle prema filozofskom fakultetu da bismo se mogle upisati na tečaj hrvatskog jezika, kao što je to bilo predviđeno u našem programu.

Tamo smo se sastale s ostalim studentima iz inozemstva. Bilo nas je stotinjak. Tu sam se upoznala s mnogim studentima i studenticama iz Italije, Danske, Engleske, Austrije, Španjolske i iz mnogih drugih zemalja.
Podijelili smo se u grupice po dosetak osoba te smo odmah, nakon uvodnog predavanja, počeli s intenzivnim radom.

Prvih je dana bilo dosta naporno za sve nas, ali smo se jako brzo privikli na izgovor, a iz dana udan smo se sve bolje razumijevali. Konverzacija je bivala sve interesantnija. Najzanimljivije je bilo sporazumijevanje između nas studenata jer smo bili tako podijeljeni da ni na jednom tečaju nije bilo sudionika iste narodnosti.

Predavanja i vježbe imamo svaki dana od 8 do 12 sati, osim subote i nedjelje. Subotom i nedjeljom smo slobodni, t.j. idemo u kino, kazalište, razgledavamo grad ili idemo na izlet u obližnja mjesta.
Meni se jako sviđa stari grad sa svojim uskim ulicama, osamljenim mjestima i romantičnim parkovima.

Početkom kolovoza namjeravamo ići na studentsku ekskurziju do Zadra. U Zadru bismo ostali samo dva do tri dana, a zatim bi-

smo krenuli prema Dubrovniku, starom gradu slobode i umjetnosti.
Tamo ćemo ostati jedan tjedan, a potom ćemo se vratiti u Zagreb.
Naš tečaj završava krajem kolovoza.
Kući ću se vratiti sredinom rujna. Htjela bih naime ostati u Zagrebu još nekoliko dana poslije tečaja.
Kad se vratim, pričat ću Ti opširnije o svojim doživljajima i o našem radu.

Rado Te se sjećam i iskreno Te pozdravljam

Tvoja Ingrid

1979.

SIJEČANJ

P	U	S	Č	P	S	N
1	2	3	4	5	6	7
8	9	10	11	12	13	14
15	16	17	18	19	20	21
22	23	24	25	26	27	28
29	30	31				

VELJAČA

P	U	S	Č	P	S	N
			1	2	3	4
5	6	7	8	9	10	11
12	13	14	15	16	17	18
19	20	21	22	23	24	25
26	27	28				

OŽUJAK

P	U	S	Č	P	S	N
			1	2	3	4
5	6	7	8	9	10	11
12	13	14	15	16	17	18
19	20	21	22	23	24	25
26	27	28	29	30	31	

TRAVANJ

P	U	S	Č	P	S	N
						1
2	3	4	5	6	7	8
9	10	11	12	13	14	15
16	17	18	19	20	21	22
23	24	25	26	27	28	29
30						

SVIBANJ

P	U	S	Č	P	S	N
	1	2	3	4	5	6
7	8	9	10	11	12	13
14	15	16	17	18	19	20
21	22	23	24	25	26	27
28	29	30	31			

LIPANJ

P	U	S	Č	P	S	N
				1	2	3
4	5	6	7	8	9	10
11	12	13	14	15	16	17
18	19	20	21	22	23	24
25	26	27	28	29	30	

SRPANJ

P	U	S	Č	P	S	N
						1
2	3	4	5	6	7	8
9	10	11	12	13	14	15
16	17	18	19	20	21	22
23	24	25	26	27	28	29
30	31					

KOLOVOZ

P	U	S	Č	P	S	N
		1	2	3	4	5
6	7	8	9	10	11	12
13	14	15	16	17	18	19
20	21	22	23	24	25	26
27	28	29	30	31		

RUJAN

P	U	S	Č	P	S	N
					1	2
3	4	5	6	7	8	9
10	11	12	13	14	15	16
17	18	19	20	21	22	23
24	25	26	27	28	29	30

LISTOPAD

P	U	S	Č	P	S	N
1	2	3	4	5	6	7
8	9	10	11	12	13	14
15	16	17	18	19	20	21
22	23	24	25	26	27	28
29	30	31				

STUDENI

P	U	S	Č	P	S	N
			1	2	3	4
5	6	7	8	9	10	11
12	13	14	15	16	17	18
19	20	21	22	23	24	25
26	27	28	29	30		

PROSINAC

P	U	S	Č	P	S	N
					1	2
3	4	5	6	7	8	9
10	11	12	13	14	15	16
17	18	19	20	21	22	23
24	25	26	27	28	29	30
31						

16 B

1.

- Danas je **subota.**
  Heute ist Samstag.
- **Subotu** idem u grad.
  Am Samstag gehe ich in die Stadt.
- **Subotom** ne idem na predavanja.
  Samstags gehe ich nicht zu Vorlesungen.
- **Subotom** idem obično u kino. – **Svake subote** idem u kino.
  Samstags gehe ich gewöhnlich ins Kino. – Jeden Samstag gehe ich ins Kino.
- **Prošle subote** sam bio u kinu.
  Vorigen Samstag war ich im Kino.

ponèdjeljak	– *Montag*	**ponèdjeljak**	– *am Montag*
útorak	– *Dienstag*	**útorak**	– *am Dienstag*
srijèda	– *Mittwoch*	**srijèdu**	– *am Mittwoch*
četvŕtak	– *Donnerstag*	**četvŕtak**	– *am Donnerstag*
pétāk	– *Freitag*	**pétāk**	– *am Freitag*
sùbota	– *Samstag*	**sùbotu**	– *am Samstag*
nèdjelja	– *Sonntag*	**nèdjelju**	– *am Sonntag*
ponèdjeljkom	– *montags*	**svȁkōg ponèdjeljka**	– *jeden Montag*
útorkom	– *dienstags*	**svȁkōg útorka**	– *jeden Dienstag*
srijèdōm	– *mittwochs*	**svȁkē srijède**	– *jeden Mittwoch*
četvŕtkom	– *donnerstags*	**svȁkōg četvŕtka**	– *jeden Donnerstag*
pétkom	– *freitags*	**svȁkōg pétka**	– *jeden Freitag*
sùbotōm	– *samstags*	**svȁkē sùbote**	– *jeden Samstag*
nèdjeljōm	– *sonntags*	**svȁkē nèdjelje**	– *jeden Sonntag*

2.

● Koji je danas (datum)?	*Den wievielten haben wir heute?*
● Danas je 15. (petnaesti) srpnja.	*Heute ist der 15. Juli.*
● Zagreb, 15. srpnja 1977. (petnaestog srpnja tisuću devetsto sedamdeset i sedme godine.)	*Zagreb, den 15. Juli 1977.*
● Mjeseca travnja 1977.	*Im Monat April 1977.*
● U travnju 1950.	*Im April 1950.*

sȉječanj	–	*Januar*	–	**1. sȉječnja 1950.**
vèljača	–	*Februar*	–	**3. vèljače 1955.**
ȍžujak	–	*März*	–	**4. ȍžujka 1960.**
trâvanj	–	*April*	–	**5. trâvnja 1965.**
svîbanj	–	*Mai*	–	**10. svîbnja 1970.**
lîpanj	–	*Juni*	–	**15. lîpnja 1975.**
sȓpanj	–	*Juli*	–	**20. sȓpnja 1976.**
kȍlovoz	–	*August*	–	**22. kȍlovoza 1977.**
rûjan	–	*September*	–	**23. rûjna 1978.**
lȉstopad	–	*Oktober*	–	**25. lȉstopada 1979.**
stùdeni	–	*November*	–	**26. stùdenog 1980.**
pròsinac	–	*Dezember*	–	**28. pròsinca 1985.**

3.

● Koliko je **sati?**	*Wieviel Uhr ist es?*
● Jedan **sat** je.	*Es ist ein Uhr.*
● Dva **sata** su.	*Es ist zwei Uhr.*
● Deset **sati** je.	*Es ist zehn Uhr.*
● Pola **dva.**	*Halb zwei.*
● Dva i dvadeset.	*Zwei Uhr zwanzig.*
● Za deset tri.	*In zehn Minuten drei.*
● Vlak dolazi u osam sati.	*Der Zug kommt um acht Uhr an.*

jèdan **sât je**	pêt	
dvâ, trî, čètiri – **sâta su**	šêst	
	sȅdam	
	ȍsam	
	dȅvēt	**sátī je**
	dȅsēt	
	jedànaest	
	dvánaest	
	(trínaest)	

pȍla jèdan	– dvánaest (sátī)	i trídesēt (minúta)	– *12.30 Uhr*
pȍla dvâ	– jèdan	i trídesēt	– *1.30 Uhr*
pȍla pêt	– čètiri	i trídesēt	– *4.30 Uhr*
usw.			

jèdan	(sât)	i jèdna minúta	– *1.01 Uhr*
dvâ	(sâta)	i dvȉje (minúte)	– *2.02 Uhr*
trî	(sâta)	i pêt (minúta)	– *3.05 Uhr*
ȍsam	(sátī)	i pètnaest (minúta)	– *8.15 Uhr*
dȅsēt	(sátī)	i dvádesēt i dȅvēt (minúta)	– *10.29 Uhr*

za dvádesēt i pêt	(minúta)	pêt	(sátī)	– *4.35 Uhr*
za pètnaest	(minúta)	ȍsam	(sátī)	– *7.45 Uhr*
za ȍsam	(minúta)	jèdan	(sât)	– *0.52 Uhr*
za jèdnu	(minútu)	dvâ	(sâta)	– *1.59 Uhr*

4. Deklinacija glavnih brojeva – Deklination der Grundzahlen

- Vidio sam **dva** čovjeka na ulici.
  Ich habe zwei Menschen auf der Straße gesehen.
- Vidio sam **dvije** žene na ulici.
  Ich habe zwei Frauen auf der Straße gesehen.
- Pričao sam ti o onim **trima** ženama.
  Ich habe dir von jenen drei Frauen erzählt.

	Singular			*Plural*		
	m.	*f.*	*n.*	*m.*	*f.*	*n.*
N.	jè**dan**	jè**dna**	jè**dno**	jè**dni**	jè**dne**	jè**dna**
G.	jè**dnog**	jè**dne**	jè**dnog**	jè**dnih**	jè**dnih**	jè**dnih**
	usw.					

Die Zahl *jedan, jedna, jedno* wird im Singular und Plural wie das bestimmte Adjektiv dekliniert. (Vgl.: *dobar, dobra, dobro.*)

	m. n.	*f.*	*m. f. n.*	*m. f. n.*
N.	dvâ	dvȉje	trî	čètiri
G.	dvájū	dvíjū	tríjū	četiríjū
D.	dvàma	dvjèma	tríma	čètirima
A.	dvâ	dvȉje	trî	čètiri
V.	dvâ	dvȉje	trî	čètiri
L.	dvàma	dvjèma	tríma	čètirima
I.	dvàma	dvjèma	tríma	čètirima

Die Zahl *tisuća* „1000" wird wie die Feminina *(žena)* dekliniert; *milijun* „1 000 000" hingegen wie Maskulina *(stol)*. Weitere Zahlen weisen keine Deklination auf.

5.

- Na seminaru nas ima **dvadesetak.**
  Im Seminar waren wir an die zwanzig.
- U njegovom selu ima svega **dvadesetak** kuća.
  In seinem Dorf gibt es alles in allem an die zwanzig Häuser.

10 – dèsēt	– desét**ak**	– *an die zehn, ungefähr zehn*
15 – pètnaest	– petnaést**ak**	– *an die fünfzehn*
20 – dvádesēt	– dvadesét**ak**	– *an die zwanzig*
30 – trídesēt	– tridesét**ak**	– *an die dreißig*
100 – stô (stȍtina)	– st**otínjak**	– *an die hundert*

6.

● On studira u **Italiji.**	*Er studiert in Italien.*
● Ona studira u **Francuskoj.**	*Sie studiert in Frankreich.*

Die Ländernamen wie *Italija, Albanija, Kina* usw. werden wie die Feminina *(žena)* dekliniert.
Die Ländernamen wie *Njemačka, Francuska, Engleska, Hrvatska, Grčka, Danska, Švedska, Finska* usw. werden wie das Adjektiv in der femininen Form dekliniert, da sie die Adjektivform haben. So versteht man unter *Njemačka – njemačka zemlja* „deutsches Land".

			f.
N.	Njèmačk**ā**	Fràncūsk**ā**	dȍbr**ā**
G.	Njèmačk**ē**	Fràncūsk**ē**	dȍbr**ē**
D.	Njèmačk**ōj**	Fràncūsk**ōj**	dȍbr**ōj**
A.	Njèmačk**ū**	Fràncūsk**ū**	dȍbr**ū**
V.	Njèmačk**ā**	Fràncūsk**ā**	dȍbr**ā**
L.	Njèmačk**ōj**	Fràncūsk**ōj**	dȍbr**ōj**
I.	Njèmačk**ōm**	Fràncūsk**ōm**	dȍbr**ōm**

7. Komparacija pridjeva – Steigerung der Adjektiva

Positiv		*Komparativ*	*Superlativ*
dȍbar	– *gut*	**bȍljī**	**nâj**boljī
màlen	– *klein*	**mȁnjī**	**nâj**manjī
lȁk	– *leicht*	**lȁkšī**	**nâj**lakšī
lijêp	– *schön*	**ljȅpšī**	**nâj**ljepšī
bȓz	– *schnell*	**bȑžī**	**nâj**bržī
dàlek	– *weit*	**dȁljī**	**nâj**daljī

Positiv		*Komparativ*	*Superlativ*
rân	– *früh*	**ràniјī**	**nâj**raniјī
lȍš	– *schlecht*	**lòšiјī**	**nâj**lošiјī
nȍv	– *neu*	**nòviјī**	**nâj**noviјī
zanìmljiv	– *interessant*	**zanimljìviјī**	**nâj**zanimljìviјī

Komparativ und Superlativ haben auch alle drei Geschlechter und beide Numeri wie der Positiv *(bȍljī, -ā, -ē; nâjboljī, -ā, -ē)* und werden auch nach der bestimmten Adjektivadeklination dekliniert.
Die Neutrumform Singular *(bȍlje; nâjbolje)* hat auch wie im Positiv die adverbiale Funktion.

16 C

1.

Prošle sam subote bio u kazalištu. – Subotom sam uvijek u kazalištu.

a. Prošle sam subote bio u kazalištu. **b.** Slijedeći petak idem u grad na šetnju. **c.** Prošle smo nedjelje bile na izletu. **d.** Slijedećeg utorka nećemo doći na predavanja. **e.** Ona je prošlog četvrtka bila jako bolesna. **f.** Ovog ponedjeljka ne mogu ići s vašim društvom na plažu. **g.** Slijedeću smo srijedu jako zauzeti s poslom u kući, pa ne bismo htjeli ići na fakultet.

2.

Utorkom idemo uvijek na izlet. – Svakog utorka idemo na izlet.

a. Utorkom idemo uvijek na izlet. **b.** Srijedom smo stalno na predavanjima iz njemačke književnosti. **c.** Slijedeće subote također ne mogu doći jer sam subotom stalno zauzet. **d.** Nedjeljom idemo uvijek s našim prijateljima u šumu na šetnju. **e.** Ponedjeljkom moram ići na predavanja već u 8 sati. **f.** Petkom uvečer moram stalno ostati kod kuće. **g.** Četvrtkom uvijek mislim da moram posjetiti roditelje.

3.

Danas je subota. Moraš li ići na posao? – Ne, subotom ne idem na posao.

a. Danas je subota. Moraš li ići na posao? **b.** Sutra je ponedjeljak. Moramo li ići na predavanja? **c.** Jučer je bila nedjelja. Jesi li bio u kazalištu? **d.** Pa danas je srijeda. Idi u školu!

4.

Koji je danas dan? – Danas je petak.

a. Koji je danas dan? **b.** Koji je dan bio jučer? **c.** Koji je dan bio prekjučer? **d.** Koji će dan biti sutra, a koji preksutra?

5.

Koji je danas (datum)? (15. kolovoza 1977.). – Danas je 15. kolovoza 1977. (petnaesti kolovoza tisuću devetsto sedamdeset i sedme).

a. Koji je danas (datum)? (15. kolovoza 1977.). **b.** Koji je bio jučer? (28. rujna 1978.). **c.** Koji je bio datum kad si se ti rodio? (25. ožujka 1956.). **d.** Koji je bio kad se ona rodila? (16. travnja 1960.). **e.** Koji je bio kad ste se Vi rodili? (8. siječnja 1925.).

6.

Kad je rođen tvoj prijatelj? (15. 6. 1951.). – Moj prijatelj je rođen petnaestog lipnja tisuću devetsto pedeset i prve (godine).

a. Kad je rođen tvoj prijatelj? (15. 6. 1951.). **b.** Kad si ti rođen? (28. 4. 1955.). **c.** Kad su rođeni tvoji roditelji? (18. 6. 1910. i 29. 9. 1915.). **d.** Kad se rodio tvoj brat? (8. 12. 1961.). **e.** Kad se rodila tvoja sestra? (5. 11. 1958.).

7.

Kad si rođen? (travanj 1950.). – Rođen sam u travnju tisuću devetsto pedesete.

a. Kad si rođen? (travanj 1950.). **b.** Kad je rođen tvoj prijatelj Boris? (svibanj 1947.). **c.** Kad je rođen naš otac? (rujan 1912.). **d.** Kad je rođena Vaša majka? (studeni 1922.). **e.** Kad je rođena tvoja žena? (listopad 1956.).

8.

Koliko je sati? (8.15). – Sada je točno osam i petnaest.

a. Koliko je sati? (8.15). **b.** Koliko je bilo sati kad si se vratio kući? (11.25). **c.** Koliko je bilo sati kad si ga vidio? (9.42). **d.** Kad se on vraća kući? (u 10.30). **e.** Kada dolazi naš vlak (u 1.02). **f.** U koliko sati ideš na predavanja (u 9.45).

9.

Sad je (9.30) – Sad je devet i trideset. – Sad je pola deset.

a. Sad je (9.30). **b.** Sad je (1.20). **c.** Bilo je (12.15). **d.** Vratio se u (4.32). **e.** Vlak dolazi u (22.16). **f.** Stigla sam u Zagreb u (18.25). **g.** Taksi je došao u (18.30). **h.** Kiša je počela padati u (1.45).

10.

Stanujem s jednim kolegom u studentskom domu. – Stanujem s jednom kolegicom u studentskom domu.

a. Stanujem s jednim kolegom u studentskom domu. **b.** Danas sam sreo jednog prijatelja kojeg nisam vidio već dvije godine. **c.** Pričao sam ti o jednom prijatelju koji me je posjetio prije dva tjedna. **d.** Knjigu sam poklonio jednom kolegi kojeg ti nisi vidio.

11.

S koliko prijateljica stanuješ? (2). – Stanujem s dvjema.

a. S koliko prijateljica stanuješ? (2). **b.** S koliko prijatelja on stanuje? (3). **c.** S koliko ste prijatelja bili na izletu? (3). **d.** S koliko ste prijateljica bili na plaži? (4).

12.

Boris je rođen u Zagrebu, a radi u (Njemačka). – Boris je rođen u Zagrebu, a radi u Njemačkoj.

a. Boris je rođen u Zagrebu, a radi u (Njemačka). **b.** Govorim francuski, a nisam još bio u (Francuska). **c.** On je Nijemac, a studira u (Italija). **d.** Počeo sam sa studijem u (Švedska), a završio sam ga u (Finska).

13.

On ima dobra oca, a njegov prijatelj ima još … – On ima dobra oca, a njegov prijatelj ima još boljeg.

a. On ima dobra oca, a njegov prijatelj ima još … **b.** Ona je malena, a njezina sestra je još … **c.** Njegov auto je brz, ali je moj … **d.** Moj otac je kupio sebi brza kola, a meni je kupio još … **e.** Njegovo predavanje je bilo zanimljivo, njezino je bilo još …, a moje je bilo … **f.** On je govorio o zanimljivom problemu, ona je govorila o još …, a ja sam govorio o …

14.

Prijevod – Übersetzung

a. Montags und mittwochs gehe ich immer in die Vorlesungen, dienstags und donnerstags bleibe ich immer zu Hause, und samstags besuche ich meine Eltern. **b.** Jeden Freitag und Samstag gehe ich ins Theater. **c.** Am vorigen Sonntag bin ich mit meinen Freunden nach Zadar gefahren.

d. Um wieviel Uhr kommst du freitags nach Hause? **e.** Meine Arbeit beginnt montags und dienstags um 8 Uhr, mittwochs und donnerstags um 9 und freitags beginnt sie erst um 10 Uhr. **f.** Während des Kurses habe ich mit zwei Freundinnen in einem Studentenheim gewohnt. **g.** In unserer Gruppe gab es ungefähr fünfzehn Leute. **h.** Am nächsten Samstag fährt sie doch nach Italien, denn in Frankreich war sie schon einmal. **i.** Sein Wagen ist schneller als meiner, aber der von meinem Vater ist am schnellsten.

17 A

Poslovno pismo

NAKLADNI
ZAVOD
MATICE
HRVATSKE

41000 ZAGREB, UL. MATICE HRVATSKE 2 / TEL. 33-359, 33-573
ŽIRO - RAČUN 30107-601-3460

Südostbuchhandel KG
Elisabethstr. 28
D-8000 München 40

Zagreb, 28. srpnja 1980.

Poštovana gospodo,

Potvrđujemo primitak Vaše cijenjene narudžbe od 22. lipnja 1980. kojom ste pretplatili sva naša izdanja od 1979. i 80. godine.

Vaš smo naslov unijeli u našu kartoteku da bismo Vas pravodobno mogli obavijestiti o našim daljnjim izdanjima.

Pošiljku od 80 knjiga različitog formata, t.j. 40 najnovijih naslova po dva primjerka, poslali smo Vam 27. lipnja te se nadamo da ste je već primili u najboljem stanju.
Ako budete imali oštećenih primjeraka, usprkos našem očekivanju, rado ćemo Vam ih zamijeniti za nove.

Vašu narudžbu potvrđujemo sa zakašnjenjem jer smo Vam htjeli poslati naš najnoviji katalog za 1979./80. koji je upravo ovih dana izašao iz tiska. Katalog i račun za pošiljku od 27. lipnja prilažemo ovom pismu. U računu smo Vam dodijelili popust od 30% koji se obično mijenja prema količini naručene robe, a varira između 25 i 35%.

U želji za daljnjom suradnjom i Vašim povjerenjem, prijateljski Vas pozdravljamo.

Nakladni zavod Matice Hrvatske
Šef komercijalnog odjela

17 B

1. Futur II

- Posjetit ću te ako **budem imao** vremena.
  Ich werde dich besuchen, wenn ich Zeit habe.
- Ako **budem imao** novaca, kupit ću si auto.
  Wenn ich Geld haben werde, kaufe ich mir ein Auto.
- Kako **budem učio,** tako ću i položiti ispite.
  So wie ich lernen werde, so werde ich auch die Prüfungen bestehen.

	m.	*f.*	*m.*	*f.*
bȕdēm	ìmao	ìma**la**	ùčio	ùči**la**
bȕdēš	ìmao	ìma**la**	ùčio	ùči**la**
bȕdē	ìmao	ìma**la**	ùčio	ùči**la**
bȕdēmo	ìma**li**	ìma**le**	ùči**li**	ùči**le**
bȕdēte	ìma**li**	ìma**le**	ùči**li**	ùči**le**
bȕdū	ìma**li**	ìma**le**	ùči**li**	ùči**le**

Das Futur zwei wird vom vollendeten Präsens des Verbs *biti (budem, budeš …)* und dem Part. Perf. *(imao, učio …)* gebildet. Es wird nur in den untergeordneten Sätzen für eine Handlung gebraucht, die vor einer anderen oder zur gleichen Zeit mit einer anderen Handlung geschehen soll.
Ako budem imao novaca (Vor- oder Gleichzeitigkeit), *kupit ću si auto.* (Nach- oder Gleichzeitigkeit) „Wenn ich Geld haben werde, werde ich mir ein Auto kaufen."

2.

- Ako **izađem** iz kuće, neću se više vratiti. – *Wenn ich aus dem Haus herauskomme, werde ich nicht mehr zurückkehren.*
- Ako ga **vidim,** dat ću mu knjigu. – *Wenn ich ihn sehe, werde ich ihm das Buch geben.*

Bei den vollendeten Verben (*izaći* vo. „heraus-, hinauskommen", *vidjeti* vo. „sehen") wird anstatt des Futurs II Präsens gebraucht.

3.

- Ako **budem** u školi, vidjet ćemo se. – *Wenn ich in der Schule bin, werden wir uns sehen.*
- Ako **budeš** marljiv, kupit ćemo ti auto za rođendan. – *Wenn du fleißig bist, werden wir dir ein Auto zum Geburtstag kaufen.*

Anstatt des Futur II vom Hilfsverb *biti (budem bio …)* wird nur das vollendete Präsens *(budem, budeš, bude, budemo, budete, budu)* gebraucht.

4. Upitne i odnosne zamjenice – Frage- und Relativpronomen

- **Tko** je to? *Wer ist das?*
- **Što** je to? *Was ist das?*
- **Kakva** je to knjiga? *Was ist das für ein Buch?*
- To je narudžba **kojom** ste pretplatili sva naša izdanja. – *Das ist die Bestellung, mit der Sie alle unsere Ausgaben abonniert haben.*

N.	**tkȍ** – *wer*	**štȍ** – *was*
G.	**kòga**	**čèga**
D.	**kòme (kòmu)**	**čèmu**
A.	**kòga**	**štȍ**
V.	–	–
L.	**kȍm (kòme)**	**čȅm (čèmu)**
I.	**kîm (kíme)**	**čîm (číme)**

	Singular			*Plural*		
	m.	*f.*	*n.*	*m.*	*f.*	*n.*
N.	kòj**ī**	kòj**ā**	kòj**ē**	kòj**ī**	kòj**ē**	kòj**ā**
G.	kòj**eg(a)**	kòj**ē**	kòj**eg(a)**	kòj**īh**	kòj**īh**	kòj**īh**
D.	kòj**em(u)**	kòj**ōj**	kòj**em(u)**	kòj**īm**	kòj**īm**	kòj**īm**
A.	kòj**eg(a)** kòj**ī** (unbelebt)	kòj**ū**	kòj**ē**	kòj**ē**	kòj**ē**	kòj**ā**
V.	–	–	–	–	–	–
L.	kòj**em(u)**	kòj**ōj**	kòj**em(u)**	kòj**īm**	kòj**īm**	kòj**īm**
I.	kòj**īm**	kòj**ōm**	kòj**īm**	kòj**īm**	kòj**īm**	kòj**īm**

Dativ, Lokativ und Instrumental Plural können auch für alle drei Geschlechter *kòjima* heißen.
Wie *kòjī, kòjā, kòjē* „welcher, -e, -es" werden auch *čìjī, čìjā, čìjē* „wessen" dekliniert.
Die Pronomina *kàkav, kàkva, kàkvo* „was für ein, -e, -" und *kȍlik, kȍlika, kȍliko* „wie groß" haben die Adjektivdeklination.

5. *ùsprkos + D.* **„trotz"**

Usprkos naš**em** očekivanj**u** – *Trotz unserem Erwarten*

6. *od + G.* **„von"**

- Primili smo Vaše pismo **od** 5. travnj**a** (**od** pet**og** travnj**a**).
  Wir haben Ihr Schreiben vom 5. April erhalten.
- **Od** Zagreb**a** do Karlovca ima 40 km (kilometara).
  Von Zagreb bis Karlovac sind es 40 km.

7. *iz + G.* **„aus"**

- Katalog je izašao ovih dana **iz** tisk**a.**
  Der Katalog ist in diesen Tagen erschienen.
- On je **iz** Zagreb**a,** a ona **iz** Mainz**a.**
  Er kommt aus Zagreb, und sie ist aus Mainz.

8. *za + A.* **„für"**

- Račun **za** pošiljk**u** prilažemo ovom pismu.
  Die Rechnung für die Sendung legen wir diesem Brief bei.
- Kupio sam poklon **za** svoj**u** prijateljic**u.**
  Ich habe ein Geschenk für meine Freundin gekauft.

9. *za* + *I.* **„nach"**

● U želji **za** daljnj**om** suradnj**om** i povjerenj**em.**
Mit dem Wunsch auf eine weitere Zusammenarbeit und Vertrauen.

10. *između* + *G.* **„zwischen"**

● Neka sjedne **između mene i tebe.**
Sie soll sich zwischen mich und dich setzen.

17 C

1.

Nemam vremena. Ne mogu doći. – Doći ću ako budem imao vremena.

a. Nemam vremena. Ne mogu doći. **b.** Nemam novaca. Ne mogu ti kupiti poklon za rođendan. **c.** Nemaju vremena. Neće doći na predavanja. **d.** Ne učiš. Nećeš položiti ispite na kraju semestra. **e.** Ne radimo. Nećemo danas završiti posao. **f.** One imaju previše problema. Neće moći studirati.

2.

Hoćeš li mu dati ovaj poklon? Vidjet ćeš ga u gradu. – Ako ga vidim u gradu, dat ću mu poklon.

a. Hoćeš li mu dati ovaj poklon? Vidjet ćeš ga u gradu. **b.** Hoćeš li je pozvati u kazalište? Srest ćeš je na ulici. **c.** Hoćete li doći danas k nama u posjet? Nećete zaboraviti? **d.** Hoćemo li bolje učiti? Kupit će nam sportska kola za rođendan. **e.** Nećemo Vam platiti račun. Niste nam poslali knjige. **f.** Ne mogu Vam platiti taj račun. Nisam primio Vašu pošiljku.

3.

On nije dobar. Neću ići s njim na izlet. – Ako bude dobar, ići ću s njim na izlet.

a. On nije dobar. Neću ići s njim na izlet. **b.** Niste kod kuće. Nećemo doći k vama. **c.** Ona nije na poslu. Ne mogu joj reći da si bolestan. **d.** One nisu u stanu. Ne mogu ih nazvati. **e.** Ona nije dobra. Neću joj kupiti ništa za rođendan.

4.

Ona je dala knjigu svojoj prijateljici. – Kome je dala knjigu?

a. Ona je dala knjigu svojoj prijateljici. **b.** Kupio je poklon svojim roditeljima. **c.** Na ulici sam pozdravio svojeg učitelja. **d.** Danas smo razgovarali o našim profesorima. **e.** Bio sam u kazalištu sa svojom prijateljicom. **f.** On se boji svojih roditelja. **g.** Upravo sam pričao sa svojim kolegom o Vama.

5.

U šumi ima puno velikih stabala. – Čega ima u šumi?

a. U šumi ima puno velikih stabala. **b.** Njegova se sestra boji uzburkanog mora. **c.** Njegov brat priča uvijek o svojim problemima. **d.** Psa sam pogodio kamenom. **e.** Glavom je udario o kamen. **f.** Za vrijeme piknika pijemo rado bijelo vino. **g.** Knjige su mi bile u kovčegu, ostale stvari u putnim torbama, a novčanik u ručnoj torbici. **h.** Divimo se uzburkanom moru. **i.** To su njegove školske stvari.

6.

Bio je kod nas sa svojom starom prijateljicom. – S kojom je prijateljicom bio kod nas?

a. Bio je kod nas sa svojom starom prijateljicom. **b.** Kupio sam mu ona stara kola. **c.** On si je kupio onu skupu knjigu. **d.** Volim Jadransko more. **e.** Vidio sam njegova prijatelja. **f.** U rukama sam nosio veliki kovčeg i dvije putne torbe. **g.** Rekao sam tvojoj prijateljici da si bio bolestan. **h.** Pričao sam s njegovim bratom o njegovim problemima. **i.** Razgovarali smo o tvojim prijateljima. **j.** Bojim se onog tvojeg psa. **k.** To ti je rekao moj brat.

7.

To je njegova knjiga. – Čija je to knjiga?

a. To je njegova knjiga. **b.** To je moj stol. **c.** Pismo sam predao tvojim roditeljima. **d.** To sam pričao Vašoj sestri. **e.** Danas sam vidio njezina brata na ulici u gradu. **f.** Radilo se o tvojim prijateljima. **g.** To sam pročitao u tvojem pismu. **h.** Išao sam u grad s njezinom prijateljicom. **i.** Došao je u Zagreb sportskim autom svojeg brata. **j.** Pisao sam pismo njegovim roditeljima da je on bolestan.

8.

Prijevod – Übersetzung

a. Ich werde dir ein schönes Geschenk für deinen 20. Geburtstag kaufen, wenn ich Geld haben werde und wenn ich es nicht vergesse. **b.** Er wird seine Prüfungen gut bestehen, wenn er etwas mehr lernen wird. **c.** Willst du besser lernen, wenn ich dir das Buch kaufe? **d.** Wenn du heute abend zu Hause bist, werde ich dich gerne besuchen. **e.** Wenn wir den Ausflug machen werden (Ausflug machen = ići na izlet), werden wir Zadar und Dubrovnik besichtigen. **f.** Über wessen Freunde habt ihr euch unterhalten? **g.** Wem hast du meine Schulsachen gegeben? **h.** Worüber habt ihr euch unterhalten? **i.** Mit welchen Freunden wirst du dich heute treffen? **j.** Trotz unserem Erwarten kam er nicht. **k.** Wir haben ihren Brief vom 19. Mai 1977 erhalten. **l.** Er sitzt zwischen meinem Freund und deinem Bruder.

18 A

Na ekskurziji

Čim su završili tečajevi hrvatskog jezika, studenti su sa svojim lektorima i docentima pošli na znanstvenu ekskurziju u Zadar. Jedan dio svojeg vremena htjeli su naime provesti odmarajući se na plažama i kupajući se u toploj morskoj vodi, a drugi su posvetili znanstvenom programu, kao što su posjećivanje biblioteka i kulturnih spomenika, slušanje predavanja o hrvatskoj književnosti i jeziku te upoznavanje naroda i njegovih običaja.

Stigavši u Zadar, uputili su se odmah prema hotelu koji se nalazio u blizini poznatog zadarskog kupališta „Borik".

Sobe su rezervirali mjesec dana prije polaska jer su znali de je grad pun turista za vrijeme ljetne sezone.

Ušavši u hotel, saznali su da moraju malo pričekati jer su neki gosti upravo napuštali svoje sobe. Svi su posjedali gdje su znali i mogli te su se htjeli malo odmoriti jer je bila velika vrućina. Ingrid i njezina prijateljica htjele su se čak i osvježiti te su otrčale prema kiosku koji je ležao nasuprot hotela. Kupile su si neko osvježavajuće piće, sjele na klupu u hladovinu, zapalile cigarete i raspričale se o pothvatima koje su namjeravale ostvariti tijekom idućih dana. U napetom razgovoru vrijeme im je brzo prošlo te nisu ni primijetile koliko je sati.

Vrativši se u hotel, opazile su da je predvorje gotovo prazno. Uputile su se prema recepciji da bi saznale gdje su im kolege i kolegice. Bile su iznenađene kad su čule da su oni već razmješteni po sobama i da se vjerojatno spremaju za večernji izlazak. Ne razmišljajući o formalnostima koje bi trebale obaviti da bi dobile sobu, potrčale su prema stepenicama, ali su se ubrzo vratile, sjetivši se da ne znaju broja slobodnih soba te da nemaju ključeva.

Bile su razočarane kad su saznale na recepciji da su sve sobe prema zapadnoj te jugo- i sjeverozapodnoj strani zauzete. To su naime sobe s romantičnim pogledom na plažu i more. Divno bi bilo spavati noću pri otvorenom prozoru i slušati udarce valova pjenušavog mora. Taj si propust ne mogu nikako oprostiti.

One su dobile sobu prema istočnoj strani na najgornjem katu, skoro u potkrovlju.

Nemoguće! Prizemlje i svi niži katovi bili su već zauzeti.

– Ako se još lift pokvari, onda je naš promašaj uspio u potpunosti! – uzbuđeno će Ingrid.

Kolegica ju je prekinula, zamolila da se požure te da barem večeras budu među prvima jer će inače morati još više jadikovati.

18 B 1. Glagolski prilog sadašnji – Das Verbaladverb der Gegenwart

- Jedan dio vremena htjeli su provesti **odmarajući** i **kupajući se.** – *Einen Teil der Zeit wollten sie verbringen, indem sie sich erholen und baden.* (Wörtlich: *sich erholend und badend*)
- Ne **razmišljajući** o formalnostima – *Ohne über die Formalitäten nachzudenken* (Wörtlich: *Nicht nachdenkend über die Formalitäten*)

Infinitiv		*3. Pers. Pl. Präs.*	*Adverb der Gegenwart*
odmárati se	*sich erholen*	**òdmaraju se**	odmáraju**ći se**
kúpati se	*baden*	**kúpajū se**	kúpajū**ći se**
razmíšljati	*nachdenken*	**ràzmišljaju**	razmíšljaju**ći**
čȅkati	*warten*	**čȅkajū**	čȅkajū**ći**
čȉtati	*lesen*	**čȉtajū**	čȉtajū**ći**
glȅdati	*sehen*	**glȅdajū**	glȅdajū**ći**
ráditi	*arbeiten*	**rádē**	rádē**ći**
žívjeti	*leben*	**žívē**	žívē**ći**

Das Verbaladverb der Gegenwart wird von der 3. Pers. Pl. Präs. *(glȅdajū)* und der Endung *-ći (glȅdajūći)* gebildet. Es wird nur bei den unvollendeten (imperfektiven) Verben gebraucht. Durch das Verbaladverb der Gegenwart kann man folgende Sätze ausdrücken:

Temporalsätze

- *Vraćajući se* **u hotel,** sreli smo brata. – **Als wir ins Hotel zurückkehrten,** *trafen wir den Bruder.*
- *Čitajući* **neki zanimljivi roman,** zaboravio sam doći na večeru. – **Während ich einen interessanten Roman las,** *vergaß ich zum Abendessen zu kommen.*

Konditionalsätze

- **Ne učeći,** nećeš položiti ispite. – **Wenn du nicht lernst,** *wirst du keine Prüfung bestehen.*

Kausalsätze

- Bile su uzbuđene, **bojeći se** da neće dobiti sobe. – *Sie waren erregt,* **weil sie befürchteten,** *daß sie kein Zimmer bekämen.*

Modalsätze

- **Šuteći** se vratila natrag. – *Sie kehrte zurück* **und schwieg.** (Oder: **Schweigend** *kehrte sie zurück.*)

2. Glagolski prilog prošli – Das Verbaladverbium der Vergangenheit

- **Stigavši** u Zadar, uputili su se prema hotelu. – *Als sie in Zadar ankamen, begaben sie sich zum Hotel.*
- **Vrativši se** u hotel, opazile su da je predvorje prazno. – *Als sie ins Hotel zurückkamen, merkten sie, daß der Vorraum leer ist.*

Infinitiv		*Verbaladverb der Vergangenheit*
stȉgnuti	*ankommen*	stȉg**āvši**
vrátiti se	*zuruckkehren*	vrátī**vši se**
sjȅtiti se	*sich erinnern*	sjȅtī**vši se**
úći	*eintreten*	ùš**āvši**
dóći	*kommen*	dòš**āvši**
napísati	*schreiben*	napísā**vši**
rȅći	*sagen*	rèk**āvši**
ùzēti	*nehmen*	ùzē**vši**

Das Verbaladverbium der Vergangenheit wird vom Infinitivstamm *(uz***e***-)* und der Endung *-vši (uze-vši),* oder *-āvši* wenn der Stamm auf einen

Konsonanten endet *(stig-avši)*, gebildet. Es wird nur bei den vollendeten (perfektiven) Verben gebraucht.
Durch das Verbaladverb der Vergangenheit werden folgende Sätze ausgedrückt:

Temporalsätze

● **Ušavši** *u hotel,* saznali su da moraju malo pričekati. – **Als sie ins Hotel eintraten,** *erfuhren sie, daß sie ein wenig abwarten mußten.*

Konditionalsätze

● **Položivši** *ispite,* ići ćeš na izlet. – **Wenn du die Prüfungen bestehst,** *wirst du den Ausflug machen.*

Kausalsätze

● **Vrativši se** *prekasno u hotel,* nisu dobili sobe. – **Da sie zu spät ins Hotel zurückkehrten,** *bekamen sie kein Zimmer.*

Modalsätze

● Vratila se i **ne rekavši** *sestri o čemu se radi. – Sie kehrte zurück,* **(auch) ohne der Schwester zu sagen,** *worum es sich handelt.*

3. Neodređene zamjenice – Unbestimmte Pronomina

● **Svi** su posjedali. – *Alle haben sich hingesetzt.*

	Singular			Plural		
	m.	*f.*	*n.*	*m.*	*f.*	*n.*
N.	**sȁv**	svȁ	svȅ	svȉ	svȅ	svȁ
G.	svèga	svê	svèga	svîh, svíjū	svîh, svíjū	svîh, svíjū
D.	svèmu	svôj	svèmu	svîm, svíma	svîm, svíma	svîm, svíma
A.	svèga **sȁv** (unbelebt)	svȕ	svȅ	svȅ	svȅ	svȁ
V.	**sȁv**	svȁ	svȅ	svȉ	svȅ	svȁ
L.	svȅm, svèmu	svôj	svȅm, svèmu	svîm, svíma	svîm, svíma	svîm, svíma
I.	svîm, svíme	svôm	svîm, svíme	svîm, svíma	svîm, svíma	svîm, svíma

- **Netko** je došao. *Jemand ist gekommen.*
- **Nitko** me nije vidio. *Niemand hat mich gesehen.*
- **Nešto** sam zaboravio. *Etwas habe ich vergessen.*

Die Pronomina **nȅtko** „jemand“ und **nȉtko** „niemand“ werden wie das Pronomen **tkȍ** „wer“, und **nȅšto** „etwas“ wie **štȍ** dekliniert.

- Moram si kupiti **neke** knjige. *Ich muß mir einige Bücher kaufen.*
- To zna **svako** dijete. *Das weiß jedes Kind.*

Die Pronomina **nèkī, nèkā, nèkō** „ein, irgendein“ und **svȁkī, svȁkā, svȁkō** „jeder“ werden wie das Adjektiv in der bestimmten Form dekliniert. (Vgl. *dòbrī, dòbrōg(a) – nèkī, nèkōg …*)

4. Povratna zamjenica – Reflexivpronomen

● On vidi **sebe** u ogledalu.	*Er sieht sich im Spiegel.*
● Vidim **se** u ogledalu.	*Ich sehe mich im Spiegel.*
● Moram **si** kupiti neke knjige.	*Ich muß mir einige Bücher kaufen.*
● Moramo **si** kupiti neke knjige.	*Wir müssen uns einige Bücher kaufen.*

	betont	*unbetont*
N.	–	–
G.	**sȅbe**	**se**
D.	**sȅbi**	**si**
A.	**sȅbe**	**se**
V.	–	–
L.	**sȅbi**	–
I.	**sȍbōm**	–

Das Reflexivpronomen *sȅbe, se* wird anstatt der Personalpronomina gebraucht, wenn sich die Handlung auf den Handelnden zurückbezieht oder reflektiert. So gebraucht man anstatt: *Vidim mene (me) u ogledalu.* – *Vidim* **sebe (se)** *u ogledalu.* „Ich sehe mich im Spiegel."
Und anstatt: *Moramo nama (nam) kupiti neke knjige.* – *Moramo* **sebi (si)** *kupiti neke knjige.* „Wir müssen uns einige Bücher kaufen."

5.

● Sobe su rezervirali **mjesec dana** prije polaska.
Die Zimmer haben sie einen Monat vor der Abfahrt reserviert.
● Morate doći **tjedan dana** prije.
Sie müssen eine Woche früher kommen.
● Vratio se pred **godinu dana.**
Er ist vor einem Jahr zurückgekehrt.

Die Substantiva **tjedan** „*Woche*", **mjesec** „*Monat*", **godina** „*Jahr*" werden häufig mit dem Zusatz *dana* (G. Pl. von *dan* – „*Tag*") gebraucht, besonders, wenn sie ohne Zahlenangaben vorkommen:

- Sobe su rezervirali **mjesec dana** prije polaska.
  Die Zimmer haben sie einen Monat vor der Abfahrt reserviert.
- Sobe su rezervirali **tri mjeseca** prije polaska.
  Die Zimmer haben sie drei Monate vor der Abfahrt reserviert.

6.

- Uputile su se prema recepciji da bi saznale gdje su **im** kolegice.
  Sie haben sich in Richtung Rezeption begeben, um zu erfahren, wo ihre Freundinnen sind.
- To **mi** je brat.
  Das ist mein Bruder.

Anstatt der Possessivpronomen (*To je moj brat.* „Das ist mein Bruder."), (… *gdje su njihove kolegice* – „… wo ihre Freundinnen sind") wird häufig die unbetonte Form Dativ der Personalpronomina (*To* **mi** *je brat.* „Das ist mein Bruder.") gebraucht.

18 C

1.

Ležim na plaži i čitam zanimljive knjige. – Ležeći na plaži, čitam zanimljive knjige.

a. Ležim na plaži i čitam zanimljive knjige. **b.** Pišem pismo i razmišljam o našem sastanku u Zagrebu. **c.** Puši svoju cigaretu i čita novine. **d.** Rade i pričaju o svojim problemima. **e.** Čekaju autobus i dogovaraju se o večernjem izlasku. **f.** Gledaju televiziju i spremaju se na izlet.

2.

Dok sam se odmarao na plaži, opazio sam ribarski brodić koji se približavao obali. – Odmarajući se na plaži, opazio sam ribarski brodić koji se približavao obali.

a. Dok sam se odmarao na plaži, opazio sam ribarski brodić koji se približavao obali. **b.** Dok sam čitao novine, nisam ni primijetio da je prošlo vrijeme za večeru. **c.** Dok su sjedile na klupi i pušile cigarete, nisu ni opazile da je predvorje hotela već prazno. **d.** Dok smo razmišljali o našim planovima zaboravili smo da se moramo sastati s našim lektorom.

3.

Kad su se vraćale kući, srele su se sa svojim roditeljima. – Vraćajući se kući, srele su se sa svojim roditeljima.

a. Kad su se vraćale kući, srele su se sa svojim roditeljima. **b.** Kad sam ulazio u hotel, osjetio sam da neće biti u redu sa sobama. **c.** Kad sam išao prema stepenicama, sjetio sam se da nemam ključeva. **d.** Kad sam pisao pismo, sjetio sam se da moram ići na fakultet.

4.

Trčao je u školu jer je mislio da će zakasniti. – Trčao je u školu, misleći da će zakasniti.

a. Trčao je u školu jer je mislio da će zakasniti. **b.** Bili smo uzbuđeni jer smo se bojali da nećemo dobiti sobe. **c.** Nismo plivali daleko jer smo se bojali da ima morskih pasa. **d.** Nisam joj rekao o čem se radi jer sam se bojao da bi poludjela. **e.** Nisam ga pozvao na piknik jer sam vjerovao da je za njega bolje kod kuće.

5.

Kad je opazio morske pse, pobjegao je kući. – Opazivši morske pse, pobjegao je kući.

a. Kad je opazio morske pse, pobjegao je kući. **b.** Kad je primijetio da se radi o prevari, vratio se k svojim prijateljima. **c.** Kad je ušao u hotel, saznao je da mora malo pričekati. **d.** Kad su stigli u Zadar, uputili su se prema hotelu. **e.** Kad se vratila kući, primijetila ja da se sve promijenilo. **f.** Kad su se sjetile da nemaju ključeva, vratile su se prema izlazu. **g.** Kad se sjetio da mora ići na ispite, skoro je dobio srčani udar.

6.

Vratio se a da nije ništa obavio. – Vratio se ne obavivši ništa.

a. Vratio se a da nije ništa obavio. **b.** Došao je u kuću a da ni jedne riječi nije rekao. **c.** Došao je k nama a da nas nije ni pozdravio. **d.** Napustio je naše društvo a da nam nije rekao zašto ide.

7.

Budući da smo prekasno stigli, nismo našli nikog kod kuće. – Stigavši prekasno, nismo našli nikoga kod kuće.

a. Budući da smo prekasno stigli, nismo našli nikoga kod kuće. **b.** Budući da smo zaboravili da nas on čeka, nismo mu ponijeli poklon. **c.** Budući da je postigao odlične rezultate u školi, Mladen je dobio sportska kola na poklon. **d.** Budući da se nisam sjetio o čem se radi, oni su me prevarili.

8.

Vratio se kući prije tri mjeseca. – Vratio se kući prije mjesec dana.

a. Vratio se kući prije tri mjeseca. **b.** Doći ćemo za dva tjedna. **c.** Ako obavim posao, vratit ću se za tri godine. **d.** Sezona je počela pred dva mjeseca. **e.** Prije pet godina ova je ulica bila prazna. **f.** U Dubrovniku ćemo ostati samo dva tjedna.

9.

Tko ti je to rekao? – Netko mi je rekao, ali ne znam kako se zove.

a. Tko ti je to rekao? **b.** Kome si dala moju knjigu? **c.** Koga ste vidjeli danas u gradu? **d.** S kime si pričao o tome?

10.

Tko te je posjetio danas? – Nitko me nije posjetio.

a. Tko te je posjetio danas? **b.** Koga se bojiš? **c.** Kome ste pričali o našem pothvatu? **d.** Koga si sreo danas na plaži? **e.** S kime ideš sutra u kino?

11.

Idem u grad. Moram kupiti neke knjige. – Idem u grad jer si moram kupiti neke knjige.

a. Idem u grad. Moram kupiti neke knjige. **b.** Njegova sestra je bila u gradu. Morala je nabaviti neke stvari. **c.** Moji roditelji idu u grad. Htjeli bi kupiti nova kola. **d.** Vi ste bili u gradu. Htjeli ste kupiti loptu.

12.

Prijevod – Übersetzung

a. Einen Teil ihrer Zeit wollten die Touristen verbringen, indem sie sich am Strand erholen. **b.** Während sie auf einer Bank im Wald saßen und ihre Zigaretten rauchten, merkten sie nicht, daß ihre Freunde weggegangen waren (Perf.). **c.** Als ich nach Hause ging, traf ich meinen Bruder in der

Stadt. **d.** Als wir ins Hotel zurückkamen, merkten wir, daß der Vorraum fast leer war. **e.** Wir liefen auf die Treppe zu, ohne daß wir an die Formalitäten dachten, die wir erledigen mußten, um das Zimmer und die Schlüssel zu bekommen. **f.** Er lief schnell ins Kino, weil er dachte, daß er zu spät kommt. **g.** Meine Freundin und ich schwammen nicht weit hinaus, weil wir dachten, daß es Haifische gibt. **h.** Wir kamen zurück, ohne etwas erledigt zu haben. **i.** Da er im Hotel zu spät ankam, bekam er kein Zimmer mehr. **j.** Wir kamen aus Dubrovnik vor einem Monat zurück.

Test 3

A. ti (1), idi (2), neka (3), čitajte (4), imaju (5), Budi (6), Idi (7), Neka (8)

a. … u školu! **b.** On … je rekao da ostaneš kod kuće. **c.** Ja sam rekao … on ide u grad, a ne ti. **d.** … mi donese knjige kad bude mogao. **e.** … mirna, Vesna! **f.** Zašto čitate uvijek novine? … romane. **g.** Vesna, … mi s puta! **h.** Reci im … budu kod kuće. Doći ću u 10 sati. **i.** Borise, naši prijatelji imaju auto! Neka …! – odgovorio je Boris.

B. ti (1), tebi (2), njom (3), meni (4), vam (5), ga (6), ju (7), je (8)

a. Radije bih dao svoja kola …, nego njemu. **b.** Jučer sam … rekao da ćemo se sastati u biblioteci. **c.** Ja sam se s … dogovorio, a ne s njim. **d.** Mislim da se o … pričalo, a ne o meni. **e.** Dao sam … telefonski broj, a još me nikada niste nazvali. **f.** Ti to … nisi nikad rekao. **g.** Vidio sam … u gradu i rekao sam mu da dođe k tebi. **h.** To je njegova knjiga. Kupio … je u Zagrebu. **i.** Pitao sam ga gdje je ona, a on mi je rekao da … je vidio s prijateljem. **j.** Ta mi se knjiga sviđa. Možeš li mi … pokloniti za rođendan?

C. ih (1), Vama (2), Vas (3), nama (4), njih (5)

a. Znam da ste napisali neki roman. Čitao sam o … u novinama. **b.** Već … dugo nisam vidio. Jedva sam Vas prepoznao. **c.** Oni su mi rekli da … mogu posjetiti. **d.** Zašto nisi došao k …? Čekali smo te. **e.** Već smo mu rekli da se ne treba bojati nas, nego …

D. Nemoj (1), čitajte (2), neka (3), Nemojte (4)

a. … raditi ako si bolestan! **b.** … se ljutiti, Vesna! On nije mislio tako. **c.** Reci mu … ne ide u školu jer je bolestan. **d.** Ne … te dosadne novine! Počmite već jedanput raditi! **e.** … ići u grad ako morate učiti.

E. lošem (1), lošeg (2), loše (3), Markovoj (4), Očevi (5), sestrina (6), bratove (7)

a. Zbog … vremena morao sam ostati kod kuće. **b.** U … društvu čovjek se kvari. **c.** Vrijeme je danas dobro, a jučer je bilo … **d.** Ostali su u … sobi te su slušali ploče. **e.** Danas je bila kod mene … prijateljica. **f.** … prijatelji su mi poklonili sportska kola za rođendan. **g.** To nisu moje ploče. To su …

F. tim (1), onim (2), ovom (3), onog (4), onom (5), tom (6)

a. Bio sam s … prijateljem u kinu kojeg smo sreli na plaži. **b.** O … problemima si mi već pričao. **c.** Na … stolu su knjige, a na … tamo su bilježnice. **d.** Jeste li vidjeli … lopova koji mi je ukrao auto? **e.** S … ženom ne mogu pričati o mojim problemima.

G. bih (1), bi (2), bismo (3), Mogao (4), biste (5)

a. Rado … igrao loto, ali znam da se ne isplati. **b.** Kad … znala da si kod kuće, posjetila … te. **c.** Kad … igrali loto, možda … postali milijuneri. **d.** Ona … Vas posjetila, ali nema vremena. **e.** One … došle k Vama kad bi znale gdje stanujete. **f.** Kad … Vi znali da sam bolestan, vjerojatno … me posjetili. **g.** … bih ja to napraviti kad … imao vremena.

H. učili (1), Išao (2), znali (3), mogli (4), mogla (5), sportska (6), smjeli (7), kojim (8), mogao (9)

a. … bih s vama na ekskurziju, ali nažalost moram pripremati ispite. **b.** Mi ne bismo … kad bismo … da ćemo položiti ispite. **c.** Ingrid, ne bi li me … danas posjetiti? **d.** Ne biste li i vi … doći danas poslije podne na plažu? **e.** Ne bismo li … uzeti … kola tvojeg oca? **f.** U … novinama bih … pronaći nešto o tom problemu?

I. petkom (1), ponedjeljka (2), nedjeljom (3), srijede (4)

a. Prošlog … nisam bio na predavanjima. **b.** Srijedom i … ustajem u 9 sati, a četvrtkom u 8. **c.** U kino idemo obično subotom ili … **d.** On dolazi svake … kasno na posao.

J. minuta (1), sati (2), sata (3), sat (4)

a. Ustao sam u dva ... pa nisam više mogao zaspati. **b.** Škola počinje u osam ..., a završava u jedan ... poslije podne. **c.** U koliko ... stiže naš vlak u Zagreb? **d.** Mislim da smo se dogovorili za 8 ... i petnaest ... **e.** Vratili smo se kući u tri ... noći.

K. dvije (1), dvjema (2), jednog (3), jednom (4), stotinjak (5), desetak (6)

a. Sreo sam ... prijatelja s kojim sam studirao, ali sam zaboravio kako se zove. **b.** Dobila sam sobu s ... kolegicom iz Francuske. **c.** U Zadru sam morala spavati s još ... kolegicama. **d.** Na plaži su nas dočekale ... kolegice koje smo upoznali u hotelu. **e.** Bilo nas je oko ... Od toga je bilo oko ... kolegica iz Njemačke.

L. Italiji (1), Švedske (2), Njemačkoj (3), Engleske (4)

a. Upoznala sam dva studenta iz ... **b.** Bili smo na znanstvenoj ekskurziji u ... **c.** Boris radi u .... On govori dobro njemački. **d.** Jedna studentica govori jako dobro engleski, ali mislim da nije iz ...

M. najbolja (1), bolja (2), brži (3), manja (4), zanimljivija (5), lošije (6)

a. Njegova kola su dobra, moja su još ..., a sportska kola mojeg brata su ... **b.** Naša kuća je malena, a Vaša je još ... **c.** Njegov auto je ... od mojeg. **d.** Danas je bilo loše vrijeme, a jučer je bilo još ... **e.** Predavanja ovog lektora su zanimljiva, a od njegovog profesora su još ...

N. spremao (1), budem (2), sretnem (3), budemo (4), pošaljete (5), vidimo (6)

a. Ići ću na ekskurziju ako ... imao vremena. **b.** Kupit ćemo ti jedan lijep poklon ako budeš ... svoje ispite. **c.** Doći ćemo k Vama ako ... mogli naći ulicu. **d.** Dat ću mu ove stvari ako ga ... **e.** Ako nam ... knjige, platit ćemo Vam račun. **f.** Ako se ..., dogovorit ćemo se o izletu.

O. Kome (1), Koga (2), kojim (3), čemu (4), koje (5), kojem (6)

a. ... se boji? **b.** ... si dao moje putne torbe? **c.** Ne znam o ... se radi. **d.** S ... prijateljem si se sreo? **e.** O ... predavanju si mi pričao? **f.** Ne znam ... ljude sam sreo.

P. Sjedeći (1), Pušeći (2), Razmišljajući (3), Vraćajući (4)

a. ... o našim pothvatima, nismo primijetile koliko je sati. **b.** ... cigarete, vrijeme nam je brzo prošlo. **c.** ... na klupi, skoro sam zaspao. **d.** ... se kući, sreli smo neke prijatelje.

Q. Stigavši (1), Opazivši (2), Uzevši (3), Ušavši (4), Sjetivši (5), Položivši (6), obavivši (7), pozdravivši (8)

a. ... morske pse, pobjegla je kući. **b.** ... prekasno u hotel, nismo dobili sobe. **c.** ... u predvorje, potrčala je prema recepciji. **d.** ... svoje putne torbe, pošao sam prema tramvaju. **e.** ... se da je zaboravio ključeve, vratio se odmah kući. **f.** ... ispite, pošli smo na znanstvenu ekskurziju. **g.** Vratio se ne ... ništa. **h.** Ušao je u sobu ne ... nikoga.

19 A

Večernji izlazak

Tek što su se Ingrid i njezina kolegica snašle u svojoj sobi, razbacale su stvari na krevet i po stolicama da bi što brže nadoknadile izgubljeno vrijeme ne misleći da bi im se to moglo osvetiti.
Na brzinu su se dotjerale, što je naravno razumljivo jer se po prvi puta nalaze u ovom novom i nepoznatom društvu pa nije ni čudo da se hoće pokazati u najboljoj formi sa svim pozitivnim osobinama, te su izišle na hodnik da bi se barem raspitale o kakvom se izlasku radi.

Priključile su se jednoj grupici koja se odlučila za diskoteku. Ostalo im je još oko pola sata slobodnog vremena. Njihova je žurba bila dakle suvišna.

– Vidiš, Ingrid! Da smo znale da imamo još tako mnogo slobodnog vremena, bile bismo se malo bolje počešljale. Ja bih si bila čak i kosu oprala, a i ti bi bila očistila svoje cipele. Pune su ti prašine.
– Sada je već prekasno. Ne bih više htjela misliti na to. Idemo! Nekako ćemo se snaći.

Diskoteka je bila već dosta puna, ali je ipak ostalo još dosta mjesta za nove goste.
Posjedali su za stol po dvoje, troje, četvero a negdje i po petero, već prema tome koliko je bilo slobodnog mjesta.

Plesači su odmah angažirali nove plesačice. Ploče su se neprestano mijenjale. Muzika je svirala brzo i glasno, a od vremena na vrijeme lagano i tiho da bi se gosti na taj način uspjeli što brže upoznati. Svjetla su se gasila i palila mijenjajući se od svjetložute preko crvene, zelene i sve do tamnoplave boje. Atmosfera je bila ugodna i romantična. Vrijeme je brzo prolazilo. Njihov izlazak se približavao kraju jer su slijedećeg jutra morali rano ustati.

Ingrid je upoznala dva mlada ribara te ih je predstavila svojoj kolegici. Obojica su bili zgodni i prijazni. Jedan se zvao Ivo, a drugi Mato. Bavili su se ribarenjem kao hobi. Pričali su novim kolegicama o svojem brodiću i o noćnom ribolovu. Budući da su Ingrid i njezina kolegica bile jako zainteresirane za tako čarobne doživljaje, pozvali su ih Ivo i Mato za iduću večer na noćno ribarenje, a nakon što su ugovorili sastanak, otpratili su ih do hotela i na rastanku im zaželjeli udobno spavanje.

1. Kondicional drugi – Konditional II

19 B

- Da smo znale, **bile bismo se** malo bolje **počešljale.** – *Wenn wir das gewußt hätten, würden wir uns etwas besser gekämmt haben.*
- Ja **bih** si **bila** kosu **oprala.** – *Ich würde mir das Haar gewaschen haben;* oder: *Ich hätte mir das Haar gewaschen.*

	m.			*f.*		
1.	jâ	**bih**	**bȉo** òprao, òstao	jâ	**bih**	**bíla** òprala, òstala
2.	tî	**bi**	**bȉo** òprao, òstao	tî	**bi**	**bíla** òprala, òstala
3.	ôn	**bi**	**bȉo** òprao, òstao	òna	**bi**	**bíla** òprala, òstala
	òno	**bi**	**bílo** òpralo, òstalo			
1.	mî	**bismo**	**bíli** òprali, òstali	mî	**bismo**	**bíle** òprale, òstale
2.	vî	**biste**	**bíli** òprali, òstali	vî	**biste**	**bíle** òprale, òstale
3.	òni	**bi**	**bíli** òprali, òstali	òne	**bi**	**bíle** òprale, òstale
	òna	**bi**	**bíla** òprala, òstala			

Das Konditional II wird vom Konditional I des Hilfsverbs *biti* (*bio bih* m.; *bila bih* f.) und dem Part. Perf. des entsprechenden Verbs (*ostao* m.; *ostala* f. usw.) gebildet.

Pozitivni oblik

jâ **bih bȉo** òsta**o**	*(betont)*
bȉo bih òsta**o**	*(unbetont)*

Negativni oblik

jâ **nè bih bȉo** òsta**o**	*(betont)*
nè bih bȉo òsta**o**	*(unbetont)*

Upitni oblik

bȉh li jâ **bȉo** òsta**o**	(**dȁ li bih** jâ **bȉo** òsta**o**)	*(betont)*
bȉh li bȉo òsta**o**	(**dȁ li bih bȉo** òsta**o**)	*(unbetont)*

Upitno negativni oblik

nè bih li jâ **bȉo** òsta**o**	*(betont)*
nè bih li bȉo òsta**o**	*(unbetont)*

2. Upotreba kondicionala prvog i drugog – Der Gebrauch des Konditional I und II

- Da **znamo** koliko imamo slobodnog vremena, ostali bismo još kod tebe. – *Wenn wir wüßten, wieviel freie Zeit wir haben, würden wir noch bei dir bleiben.*
- Kad **bismo znali** koliko imamo slobodnog vremena, ostali bismo još kod tebe. – *Wenn wir wüßten, wieviel freie Zeit wir haben, würden wir noch bei dir bleiben.*
- Da **smo znali** koliko imamo slobodnog vremena, bili bismo ostali još kod tebe. – *Wenn wir gewußt hätten, wieviel freie Zeit wir noch hatten, wären wir noch bei dir geblieben.*
- Kad **bismo bili znali** koliko imamo slobodnog vremena, bili bismo ostali još kod tebe. – *Wenn wir gewußt hätten, wieviel freie Zeit wir noch hatten, wären wir noch bei dir geblieben.*

Wenn der Bedingungssatz mit *da* anfängt, muß in ihm statt des Konditional I das Präsens und statt des Konditional II das Perfekt angewandt werden.

3. Kondicional prvi u finalnim rečenicama – Konditional I in Finalsätzen

- Tek što su ušle u sobu, razbacale su stvari po krevetu **da bi** što brže **nadoknadile** izgubljeno vrijeme. – *Kaum betraten sie ihr Zimmer, warfen sie ihre Sachen auf das Bett, um so schnell wie möglich die verlorene Zeit aufzuholen.*
- Izišle su na hodnik **da bi se raspitale** o čem se radi. – *Sie gingen in den Flur hinaus, um sich zu erkundigen, worum es sich handelt.*

Die Finalsätze mit *da,* die im Kroatischen mit Konditional I ausgedrückt werden können, lassen sich am besten mit „um zu + Inf.“ oder mit „damit + Präsens“ ins Deutsche übersetzen:
… **da bi nadoknadile** *izgubljeno vrijeme* = „… *um* die verlorene Zeit *aufzuholen*“ oder „… *damit* sie die verlorene Zeit *aufholen.*“

4. *pre + Positiv* **„zu + Positiv“** (*prekasno* **„zu spät“**)

● Došao sam **prekasno.**	*Ich bin zu spät gekommen.*
● Vlak je stigao **prerano.**	*Der Zug ist zu früh angekommen.*
● Za tebe je to **predobro.**	*Für dich ist das zu gut.*
● Ona je **predobra.**	*Sie ist zu gut.*
● Njegov je otac **predobar.**	*Sein Vater ist zu gut.*

5. Etički dativ – Dativus ethicus

- Očisti cipele! Pune su **ti** prašine. – *Putz die Schuhe! Sie sind* **(dir)** *voll von Staub.*
- Kako si **mi?** – etwa: *Wie geht es dir,* **mein Lieber?**
- Što si **mi** tako tužan? – *Warum bist du* **(mir)** *so traurig?*

6. Brojne imenice – Zahlsubstantiva

- **Obojica** su bili zgodni. – *Beide waren gutaussehend.*

dvâ	– **dvòjica (obòjica)**	dȅsēt	– deset**òrica**
trî	– **tròjica**	jedànaest	– jedanaest**òrica**
čètiri	– **četvòrica**	dvádesēt	– dvadeset**òrica**
pêt	– pet**òrica**	trídesēt	– trideset**òrica**
usw.		*usw.*	

Die Zahlsubstantiva werden nur für Personen männlichen Geschlechts gebraucht. Sie werden wie Feminina dekliniert: N. *trojica,* G. *trojice* usw. wie N. *žena,* G. *žene* usw.

- Bio sam s **trojicom studenata** na plaži. – *Ich war mit* **drei Studenten** *am Strand.*

Die Zahlsubstantiva regieren immer den G. Pl.: *trojica* **studenata,** *s trojicom* **studenata, njih** (G. v. *oni*) **trojica** usw., und das Verb steht im Pl.: *njih trojica* **su** *studenti.*

- Sva trojica su **bila zgodna.** *Alle drei waren nett.*
- Sva trojica su **bili zgodni.** *Alle drei waren nett.*

Das Adjektiv wird in prädikativer Stellung im **N. sg. f.** (da die Zahlsubstantiva f. sind), oder im **N. pl. m.** (da es sich immer um männliche Personen handelt) gebraucht.

- Bi**lo nas** je **petorica.** – *Wir waren zu fünft.*
- Doš**lo ih** je **desetorica.** – *Sie kamen zu zehnt.*

Werden die Zahlsubstantiva mit einem Personalpronomen im G. attributiv gebraucht *(nas petorica, ih (njih) desetorica),* dann steht das Prädikat im N. Sg. *(bilo ... je, došlo ... je).*

7. Brojne imenice srednjeg roda – Zahlsubstantiva neutra

dvâ	**dvȍje**	šêst	**šȇstero**
trî	**trȍje**	dȅsēt	**dȅsetero**
čètiri	**čȅtvero**	jedànaest	**jedànaestero**
pêt	**pȅtero**	dvádesēt	**dvádesetero**

Die Zahlsubstantiva neutra werden für die Personengruppen gemischten Geschlechtes gebraucht: *Bilo nas je četvero.* „Wir waren zu viert." (Männer und Frauen gemischt).
Diese Zahlsubstantiva werden auch als Zahladverbien oder als Distributivzahlen gebraucht: *po dvoje* „je zwei", *po troje* „je drei" usw.

Der Gebrauch der Zahlsubstantiva

- Idemo nas dvojica, trojica, četvorica, petorica, … *(mask.)*
  Wir gehen zu zweit, dritt, viert, fünft, … (m.)
- Idemo nas dvije, tri, četiri, pet, … *(fem.)*
  Wir gehen zu zweit, dritt, viert, fünft, … (f.)
- Idemo nas dvoje, troje, četvero, petero, … *(gemischt)*
  Wir gehen zu zweit, dritt, viert, fünft, … (gemischt)

8. Brojni pridjevi – Zahladjektiva

m.	*f.*	*n.*
dvȍji	**dvȍje**	**dvȍja**
trȍji	**trȍje**	**trȍja**
čȅtveri	**čȅtvere**	**čȅtvera**
pȅ**teri**	pȅ**tere**	pȅ**tera**
usw.		

Die Zahladjektiva werden nur mit Pluraliatantum (*kola* „Wagen", *vrata* „Tür", *novine* „Zeitung") oder für paarweise gebräuchliche Gegenstände (*hlače* „Hose", *cipele* „Schuhe", *čarape* „Strümpfe") gebraucht:

dvȍja kȍla	*zwei Wagen*
trȍja vráta	*drei Türen*
čȅtvere nȍvine	*vier Zeitungen*
pȅt**ere hlȁče**	*fünf (Paar) Hosen*
šȅst**ere čàrape**	*sechs (Paar) Strümpfe*

19 C

1.

Da znam gdje stanuješ, posjetio bih te. – Kad bih znao gdje stanuješ, posjetio bih te.

a. Da znam gdje stanuješ, posjetio bih te. **b.** Da znam gdje ćete se sastati, došao bih i ja. **c.** Da znam o čemu se radi, ne bih pitao tebe. **d.** Da znam kada idete na ekskurziju, išla bih i ja s vama. **e.** Da smijem, dala bih ti svoj auto za večeras.

2.

Da znam gdje stanuješ, posjetio bih te. – Da sam znao gdje stanuješ, bio bih te posjetio.

a. Da znam gdje stanuješ, posjetio bih te. **b.** Da znam gdje ćete se sastati, došao bih i ja. **c.** Da znam o čemu se radi, ne bih pitao tebe. **d.** Da znam kada idete na ekskurziju, išla bih i ja s vama. **e.** Da smijem, dala bih ti svoj auto za večeras. **f.** Da ona hoće studirati, mogla bi se još upisati. **g.** Da učimo, položili bismo sve ispite. **h.** Da vas ovaj problem barem malo zanima, razumjeli biste ga.

3.

Kad biste mi to bili rekli, vjerojatno bih se bio sjetio o čem se radi. – Da ste mi to rekli, vjerojatno bih se bio sjetio o čem se radi.

a. Kad biste mi to bili rekli, vjerojatno bih se bio sjetio o čem se radi. **b.** Kad bih bio imao novaca, bio bih si kupio taj auto već prije pet godina. **c.** Kad bismo bile znale da imamo još tako mnogo slobodnog vremena, bile bismo si oprale kosu. **d.** Kad bismo bile znale da ćemo izgubiti naše društvo, ne bismo se bile udaljile iz hotela. **e.** Kad bi oni bili znali da će biti loše vrijeme, ne bi bili pošli na izlet. **f.** Kad bih bila znala da joj se ta tema ne sviđa, ne bih bila započela razgovor o tome.

4.

Nisam imao vremena. Nisam došao k vama. – Da sam imao vremena, bio bih došao k vama.

a. Nisam imao vremena. Nisam došao k vama. **b.** Nisam znao gdje ćete se sastati. Nisam vas našao. **c.** Nisam učila. Nisam položila ispite. **d.** Nismo čekale u hotelu. Nismo dobile slobodne sobe. **e.** Nisam bio u kinu. Nisam vidio taj film. **f.** Niste bile na zadnjem predavanju. Niste razumjele taj problem.

5.

Pošle su prema izlazu. Htjele su se priključiti grupici koja je išla na plažu. – Pošle su prema izlazu da bi se priključile grupici koja je išla na plažu.

a. Pošle su prema izlazu. Htjele su se priključiti grupici koja je išla na plažu. **b.** Išao sam u grad. Htio sam kupiti poklon za bratov rođendan. **c.** Pošli smo prema hotelu. Htjeli smo se sresti s kolegama i kolegicama iz naše grupe. **d.** Nazvala je svoje prijatelje. Htjeli su se dogovoriti gdje će se sresti. **e.** Potrčali smo prema kiosku. Htjeli smo se osvježiti. **f.** Učio sam za vrijeme ljetnih praznika. Htio sam položiti jedan ispit.

6.

S koliko studenata si bio u kazalištu? (5). – Bio sam s petoricom.

a. S koliko studenata si bio u kazalištu? (5). **b.** Koliko kolega si vidio na plaži? (4). **c.** Koliko vas je bilo u grupi na tečaju za hrvatski jezik? (15). **d.** Koliko vas je bilo u svim grupama zajedno? (50).

7.

Nas desetorica smo bili na predavanju. – Bilo nas je desetorica.

a. Nas desetorica smo bili na predavanju. **b.** Njih petorica su pošli kući. **c.** Njih trojica nisu vidjeli našu grupu. **d.** U Zagreb su pošli njih petorica.

8.

Bio sam sa svojom prijateljicom. – Bilo nas je dvoje. Bio sam sa svojim prijateljem. – Bilo nas je dvojica.

a. Bio sam sa svojom prijateljicom. **b.** Bio sam sa svojim prijateljem. **c.** Bio sam s trojicom prijatelja. **d.** Došao sam sa svojim ocem i majkom. **e.** Bila je u kinu s njegovim prijateljem. **f.** Na tečaju hrvatskog jezika bila je jedna kolegica s petoricom studenata iz inozemstva.

9.

On ima (2) kola. – On ima dvoja kola.

a. On ima (2) kola. **b.** Njegov otac je jako bogat. Mislim da ima (5) kola. **c.** Danas sam si kupio (6) hlače. **d.** Budući da sam izgubio svoj kovčeg u vlaku, on mi je dao (3) hlače i (4) čarape. **e.** Na izlet sam ponio samo (2) cipele. **f.** Moj otac čita svaki dan (3) novine. **g.** Naša kuća ima (10) vrata, a njegova ima samo (4).

10.

Prijevod – Übersetzung

a. Wenn ich wüßte, daß mein Bruder heute nicht zurückkommt (Futur I), würde ich dir seinen Sportwagen für heute abend geben. **b.** Ich hätte (es) dir gesagt, daß du in die Vorlesung kommen solltest, wenn ich deine Telefonnummer gehabt hätte. **c.** Wir hätten dir ein Geschenk für deinen fünfundzwanzigsten Geburtstag gekauft, aber wir haben kein Geld mehr gehabt. **d.** Wenn wir gewußt hätten, daß wir noch so viel Zeit haben, wären wir zum Kiosk gelaufen und hätten uns erfrischt. **e.** Er ging (Perf.) auf den Eingang des Hauptbahnhofes zu, um zu sehen, ob sein Zug kommt. (ob ... kommt = da li dolazi, oder: dolazi li). **f.** Wir gingen (Perf.) zum Strand, damit wir uns mit unseren Freunden aus dem Hotel treffen. **g.** Ich glaube, daß er mit zwei Studenten und zwei Studentinnen in die Diskothek gegangen ist. **h.** In unserem Kurs waren wir zu zehnt. Davon (= od toga) waren zwei Freundinnen aus Deutschland und acht Freunde aus Frankreich. **i.** Meine Freundin kauft sich jede Woche zwei Hosen und drei Paar Schuhe. **j.** Mein Freund interessiert sich für Politik (= politika). Er liest jeden Tag drei bis vier Zeitungen. **k.** Sein Vater ist sehr reich. Er hat drei Sportwagen.

20 A

Noćno ribarenje

Ingrid i Isabell, tako se naime zvala njezina kolegica, ostadoše slijedećeg dana do 8 sati na plaži da bi se odmah nakon kupanja mogle sastati s Ivom i Matom radi noćnog ribolova. Točno u osam krenuše prema mjestu sastanka. Malo izvan grada zaustaviše se na ovećem kamenu. Na tom mjestu more bijaše jako duboko. Sunce poče upravo u tom trenutku zalaziti te izgledaše kao da iščezava u morskoj dubini. Zrake mu ispuniše po posljednji put morsku pučinu i nestadoše u tamnoj praznini.

U romantičnom polusnu Ingrid i Isabell nisu ni primijetile dolazak ribarskog brodića.
Približivši se k obali, Ivo i Mato pozdraviše svoje prijateljice te im pomogoše pri ulasku u brodić. Na palubi su sjedili Mladen i Mirjana. Ivo im predstavi svoje nove prijateljice te se udaljiše od obale pri ugodnom raspoloženju. Nakon kratkog vremena baciše ribari uz pomoć svojih prijatelja mreže te se povukoše na palubu i posjedaše oko upaljene svjetiljke.

More bijaše mirno. Prve zvijezde kupahu se već u njegovoj dubini. Atmosfera bivaše sve udobnija i romantičnija. Čaše se počeše puniti mirisavim crnim vinom, gitare odjeknuše u dubokoj noći i ne prestadoše do zore. Kakvo ribarenje?! Tko bi se sada još time bavio! Ta i ribe imaju neko pravo na egzistenciju i uživanje, ukoliko to ne prelazi granice njihovog morala.

I stvarno, vrativši se natrag, mreže bijahu potpuno prazne. Ni jedne jedine ribice! Kao da su ih miris vina i odjeci gitara opili, pa su se valjda laganim tempom kretale ispred ribarskog brodića.
Ugledavši prazne mreže, ribari se razveseliše još više te pobacaše ribarski pribor na palubu i pođoše kući.

Zaključujući po njihovom raspoloženju, ribarenje je završilo s jako dobrim uspjehom.

1. Aorist

20 B

- Ingrid i njezina kolegica **ostadoše** na plaži do 8 sati. – *Ingrid und ihre Kollegin* **blieben** *am Strand bis 8 Uhr.*
- Ivo i Mato **pozdraviše** svoje prijateljice. – *Ivo und Mato* **begrüßten** *ihre Freundinnen.*
- Ivo im **predstavi** svoje prijateljice. – *Ivo* **stellte** *ihnen seine Freundinnen* **vor.**

	prèdstavi – ti *(vorstellen)*	dóći *(kommen)*	rèći *(sagen)*
1.	prèdstavi**h**	dòđ**oh**	rèk**oh**
2.	prèdstavi	dòđ**e**	rěč**e** (**k + e = če**)
3.	prèdstavi	dòđ**e**	rěč**e**
1.	prèdstavi**smo**	dòđ**osmo**	rèk**osmo**
2.	prèdstavi**ste**	dòđ**oste**	rèk**oste**
3.	prèdstavi**še**	dođ**oše**	rèk**oše**

Der Aorist wird nur von den vollendeten (perfektiven) Verben gebildet und bezeichnet eine abgeschlossene Handlung in der Vergangenheit.
Bei den Verben, deren Infinitivstamm auf einen Vokal endet *(predsta***vi** *– ti),* werden die Aoristformen durch die Endungen *-h, -, -; -smo, -ste, -še* gebildet. Bei denen, die im Infinitiv auf *-ći* enden *(doći)* und denen, deren Infinitivstamm auf einen Konsonanten endet *(sre***s** *– ti),* werden die Endungen *-oh, -e, -e; -osmo, -oste, -oše* gebraucht.

Die Aoristformen werden vorwiegend in den literarischen Texten bei besonders kurzen und lebhaften Darstellungen gebraucht. Im Deutschen werden sie am besten mit dem Präteritum übersetzt.

Infinitiv		Aorist
krénuti	*aufbrechen*	**krènuh**
pòčeti	*beginnen*	**pòčeh**
ìspuniti	*ausfüllen*	**ìspunih**
pòzdraviti	*begrüßen*	**pòzdravih**
prèdstaviti	*vorstellen*	**prèdstavih**
òstati	*bleiben*	**òstadoh**
nèstati	*verschwinden*	**nèstadoh**
pomòći	*helfen*	**pòmogoh**
povúći se	*sich zurückziehen*	**povùkoh**
prèstati	*aufhören*	**prèstadoh**
událjiti se	*sich entfernen*	**ùdaljih se**
zaȕstaviti se	*anhalten*	**zaȕstavih se**
báciti	*werfen*	**bàcih**
pobàcati	*umherwerfen*	**pòbacah**
bȉti	*sein*	**bȉh**
póći	*losgehen*	**pòđoh**
dóći	*ankommen*	**dòđoh**

2. Imperfekt

- More **bijaše** mirno. – *Das Meer* **war** *ruhig.*
- Prve zvijezde **kupahu se** u njegovoj dubini. – *Die ersten Sterne* **badeten** *in seiner Tiefe.*

kúpati se *(baden)*	
kúp**āh** se	kúp**āsmo** se
kúp**āše** se	kúp**āste** se
kúp**āše** se	kúp**āhu** se

bȉti *(sein)*

bȉjāh	**bȉjāsmo**
bȉjāše	**bȉjāste**
bȉjāše	**bȉjāhu**

Das Imperfekt wird von den unvollendeten (imperfektiven) Verben gebildet und wird für eine unvollendete Handlung in der Vergangenheit und zwar ausschließlich in den literarischen Texten gebraucht. Im Deutschen werden die *Imperfektformen* am besten mit *Präteritum* übersetzt.

3.

zbog + *G.* – *wegen*
radi + *G.* – *wegen*

- Nisam te mogao posjetiti **zbog** loš**eg vremena** (… jer je bilo loše vrijeme). – *Ich konnte dich nicht besuchen wegen des schlechten Wetters.*
- Sastale su se s Ivom i Matom **radi** noćn**og** ribolov**a.** – *Sie trafen sich mit Ivo und Mato wegen des nächtlichen Fischfanges.*

Die Präposition **zbog** wird in *Kausalsätzen*, und **radi** in *Finalsätzen* gebraucht.

4.

- **jedan jedini** – *ein einziger*
- **ni jedan jedini** – *kein einziger*
- U mreži nije bilo **ni jedne jedine** ribice. – *Im Netz gab es kein einziges Fischlein.*

	m.	*f.*	*n.*
N.	jèdan jèdīnī	jèdna jèdīnā	jèdno jèdīnō
G.	jèdnōg jèdīnōg	jèdnē jèdīnē	jèdnōg jèdīnōg
	usw.		

20 C

1.

> On se vratio u 8 sati kući. – On se vrati u 8 sati kući.

a. On se vratio u 8 sati kući. **b.** Došao sam na plažu i ugledao sam ga u vodi. **c.** Mi smo mu predstavili svoje prijateljice. **d.** On mi je predstavio svoje roditelje. **e.** Rekao sam mu da dođe navrijeme. **f.** Rekao mi je da je ona bolesna. **g.** Krenuli smo dosta kasno prema gradu. **h.** Škola mu je počela pred jesen. **i.** Pozdravili smo prijatelje te smo pošli dalje.

2.

> Krenuh prema ribarskom brodiću i ugledah ga kako spava pod stablom. (Mi). – Krenusmo prema ribarskom brodiću i ugledasmo ga kako spava pod stablom.

a. Krenuh prema ribarskom brodiću i ugledah ga kako spava pod stablom. (Mi). **b.** Ona poče raditi odmah nakon smrti svojih roditelja. (One). **c.** Pozdravih ga, ali prekasno, pa me nije vidio. (Mi). **d.** On mi predstavi svoju prijateljicu koju sam već poznavao. (Oni). **e.** Ribari bacište svoje mreže i ostadoše na palubi. (Ribar). **f.** Na brzinu pođe kući i zaboravi svoju ručnu torbu. (One).

3.

> Zvijezde su se kupale u njegovoj dubini. – Zvijezde se kupahu u njegovoj dubini.

a. Zvijezde su se kupale u njegovoj dubini. **b.** On se kupao oko dva sata u toploj vodi. **c.** Kupali smo se svakog dana po nekoliko sati. **d.** Vrijeme je bilo lijepo i sunčano. **e.** Kiša je padala tjedan dana. **f.** Bile smo umorne i žedne. **g.** Bilo mu je 20 godina kad je pošao od kuće.

4.

> Ostali smo kod kuće zbog prevelike kiše. – Ostali smo kod kuće jer je bila prevelika kiša.

a. Ostali smo kod kuće zbog prevelike kiše. **b.** Nisam došao na sastanak zbog bolesti. **c.** Brod nije napustio luku zbog prevelikih valova. **d.** Nismo se vratili na vrijeme u hotel zbog prometne nezgode na putu.

5.

Napustili su plažu da bi mogli otići na ples. – Napustili su plažu radi plesa.

a. Napustili su plažu da bi mogli otići na ples. **b.** Prekinuo je studij da bi mogao raditi. **c.** Otišao je u grad da bi si kupio knjige. **d.** Pošao je u hotel da bi dobio sobu.

6.

U mreži je bila jedna jedina ribica. – U mreži nije bila ni jedna jedina ribica.

a. U mreži je bila jedna jedina ribica. **b.** O tom sam pričao s jednim jedinim prijateljem. **c.** Na ulici sam vidio jednog jedinog čovjeka. **d.** Na brodu je bila jedna jedina žena. **e.** Uvijek mislim na jednu jedinu ženu. (uvijek ↔ nikada).

7.

Prijevod – Übersetzung

a. Ich stellte ihnen meinen Freund vor (Aorist v. predstaviti) und kehrte gleich zurück (Aorist v. vratiti se) **b.** Er kam (Aorist) nach Hause gegen 10 Uhr abends, blieb (Aorist) nur einige Minuten und verschwand (Aorist) für einige Tage. **c.** Er grüßte mich (Aorist), als ich schon in der Straßenbahn war (Perfekt). **d.** Das Schiffchen verließ (Aorist v. napustiti) den Hafen und verschwand (Aorist) zwischen den großen Wellen. **e.** Sie badeten (Imperfekt) jeden Tag einige Stunden. **f.** Das Wetter war (Imperfekt) fast jeden Tag sonnig. **g.** Es war (Imperfekt) einmal ein alter Mann. Jeden Tag badete er (Imperfekt) in kaltem Wasser. **h.** Ich komme zu dir wegen meiner Bücher. **i.** Er traf sich mit ihr wegen des Tanzes. **j.** Sie verließ die Schule wegen der Krankheit. **k.** Das darfst du keinem einzigen Menschen sagen.

21 A

Put prema Dubrovniku

– Ingrid! – začu se Isabellin glas. Pa ti još spavaš! Već je skoro devet sati. Zar si zaboravila da danas idemo u Dubrovnik?! Ustaj! Zakasnit ćeš!

– Joj, Isabell! Umorna sam. Nakon što smo se bili vratili sinoć sa šetnje kroz grad, odmah sam legla i zaspala. Čitavu se noć nisam probudila. Koliko vremena imamo još?

– Imamo još otprilike jedan sat. Ne trebaš se uznemirivati! Ja ću ti pomoći oko spremanja stvari.

– Još me i sada noge bole. Da sam bila znala da ću se tako umoriti, bila bih radije ostala kod kuće.

– Ja sam ustala prije pola sata, umila sam se i počešljala, pa se sada jako dobro osjećam.

– Ti si se sinoć kasnije vratila kući, ako se ne varam?

– Ah da! Bila sam se zaustavila s jednom grupicom na ulici. Promatrali smo neke ljude koji su bili jako pijani, ali su ustrajno jedan drugoga uvjeravali da su još potpuno trijezni. Išli su dva koraka naprijed, tri natrag, tako da se nikako nisu uspjeli udaljiti od gostionice. Čini mi se da se nismo duže zadržali od pet do šest minuta. Vrativši se kući, vidjela sam da si već bila zaspala, pa te zato nisam htjela buditi.

Oko deset sati uputila su se dva autobusa, puna studenata, vijugavom, a mjestimično i uskom cestom, takozvanom „Jadranskom magistralom", prema Dubrovniku. Jadranska je obala puna lijepih otoka i poluotoka. Južno od Zadra uzdižu se prema istočnoj strani visoke planine koje su djelomično puste i kamenite.
Nakon nekoliko zavoja duž obale, probudili su se čak i najpospaniji. Veselo društvo se raspričalo o proteklim doživljajima u Zadru te se radovalo pozitivnom iznenađenju Dubrovnika.
Vožnja je trajala duže nego što je bilo predviđeno jer je cesta uska, a promet je ljeti velik. Tu i tamo se dogodila po koja manja prometna nezgoda.

U Dubrovnik su stigli kasno poslije podne, ali im je ipak ostalo još toliko vremena da su mogli posjetiti stari dio grada, njegove zidove i uske uličice.

21 B 1a. Pluskvamperfekt – Plusquamperfekt

- Nakon što **sam se bila vratila** kući, odmah sam legla i zaspala. *Nachdem ich nach Hause zurückgekehrt war, legte ich mich sofort hin und schlief ein.*
- Da **sam bila znala** da ću se tako umoriti, bila bih ostala kod kuće. *Wenn ich gewußt hätte, daß ich so müde werde, wäre ich zu Hause geblieben.*

m.	*f.*
bȉo sam se vrátio	**bíla sam** se vrátila
bȉo si se vrátio	**bíla si** se vrátila
bȉo se (je!) vrátio	**bíla** se (je!) vrátila
bíli smo se vrátili	**bíle smo** se vrátile
bíli ste se vrátili	**bíle ste** se vrátile
bíli su se vrátili	**bíle su** se vrátile

Das Plusquamperfekt wird vom Perfekt des Hilfsverbs „sein“ *(bio sam, bila sam)* und dem Partizip Perfekt *(vratio, vratila)* gebildet.
Bei den reflexiven Verben *(vratiti se)* wird in der dritten Person Sg. das Hilfsverb *je* wie bei der Perfektbildung ausgelassen.
Es wird für eine Vorvergangenheit und zwar fast ausschließlich in literarischen Texten gebraucht.

1b.

- **Bijaše se vratio** kući prije nego je sunce počelo zalaziti. – *Er war nach Hause zurückgekommen, bevor die Sonne anfing unterzugehen.*

m.	*f.*
bȉjāh se vrátio	**bȉjāh** se vrátila
bȉjāše se vrátio	**bȉjāše** se vrátila
bȉjāše se vrátio	**bȉjāše** se vrátila

m.	*f.*
bȉjāsmo se vrátili	**bȉjāsmo** se vrátile
bȉjāste se vrátili	**bȉjāste** se vrátile
bȉjāhu se vrátili	**bȉjāhu** se vrátile

Das Plusquamperfekt wird auch vom Imperfekt des Hilfsverbs „sein“ *(bijah ...)* und dem Partizip Perfekt *(vratio)* gebildet.
Diese Bildung wird besonders beim Plusquamperfekt des Hilfsverbs selbst *(bijah bio, bijah bila)* bevorzugt, da es sonst zur Verdoppelung des gleichen Partizips *bio (ja sam bio bio)* kommen würde.
Diese Plusquamperfektbildung *(bijah se vratio)* gehört noch mehr als die erste *(bio sam se vratio)* der Literatursprache an.

2. Prijedlozi s instrumentalom – Präpositionen mit Instrumental

među **„unter, zwischen“**

- Moja knjiga je **među tvojim stvarima.** – *Mein Buch ist unter deinen Sachen.*

pod **„unter“**

- Njegove su cipele **pod stolom.** – *Seine Schuhe sind unter dem Tisch.*

pred **„vor“**

- **Pred našom kućom** nalazi se veliki park. – *Vor unserem Haus befindet sich eine große Parkanlage.*

s(a) **„mit“**

- Idem u grad **s tvojim bratom.** – *Ich gehe in die Stadt mit deinem Bruder.*
- Idem u kino **sa sestrom.** – *Ich gehe mit der Schwester ins Kino.*

za **„hinter(her)“**

- **Za njim** je išao njegov pas. – *Hinter ihm ging sein Hund her.*
- Trčao je **za mnom.** – *Er lief hinter mir her.*

nad **„oberhalb, über“**

- Svjetiljka visi **nad nekim starim stolom.** – *Die Lampe hängt über einem alten Tisch.*

21 C

1.

Nisam te nazvao kao što smo se dogovorili. Još se nisam vratio kući. – Nisam te nazvao kao što smo se dogovorili jer se još nisam bio vratio kući.

a. Nisam te nazvao kao što smo se dogovorili. Još se nisam vratio kući. **b.** Nisam stigla u kino. Zakasnila sam na autobus. **c.** Niste nas našli kod kuće. Već smo otišli. **d.** One su se vratile nešto kasnije. Zaustavile su se na ulici s nekim ljudima. **e.** Nije išla na kupanje. Sastala se sa svojim prijateljem.

2.

Nisam znao kamo idete. Ostao sam kod kuće. – Da sam bio znao kamo idete, ne bih bio ostao kod kuće.

a. Nisam znao kamo idete. Ostao sam kod kuće. **b.** Nisam znala kako se zove hotel u kojem stanujete. Tražila sam Vas čitav dan. **c.** Nismo primijetile koliko je sati. Zakasnile smo na večeru. **d.** On nije vidio gdje smo mi ostavili svoje cipele. Nije ih ponio kući. **e.** Nismo znale da ćemo se tako umoriti. Pošle smo na šetnju.

3.

Nakon što sam bio proveo godišnji odmor, vratio sam se na posao. – Nakon što bijah proveo godišnji odmor, vratio sam se na posao.

a. Nakon što sam bio proveo godišnji odmor, vratio sam se na posao. **b.** Nakon što smo bili popili nekoliko čaša vina, odlučili smo se krenuti na put. **c.** Nakon što mi je bio vratio moje stvari, odmah smo se rastali. **d.** Tek što smo se bili sastali, ona se morala vratiti kući.

4.

Tvoja se bilježnica nalazi među (moje stvari). – Tvoja se bilježnica nalazi među mojim stvarima.

a. Tvoja se bilježnica nalazi među (moje stvari). **b.** Među (mi) nema nikakvih problema. **c.** Bio sam među (njegovi prijatelji), no nisam ništa čuo o njemu. **d.** Među (dobri đaci) ima i loših.

5.

Tvoje su hlače pod (stolica). – Tvoje su hlače pod stolicom.

a. Tvoje su hlače pod (stolica). **b.** Njegove su cipele pod (krevet). **c.** Moja ručna torbica ostala je u restoranu pod (stol). **d.** Odmarali smo se vani pod (stablo).

6.

Pred (tvoja kuća) nalazi se veliko stablo. – Pred tvojom kućom nalazi se veliko stablo.

a. Pred (tvoja kuća) nalazi se veliko stablo. **b.** Profesor stoji pred (ploča) i drži predavanje. **c.** Pred (ti) je stajao moj prijatelj. **d.** Stajao sam pred (vrata) i čekao dok se ne otvore.

7.

Išao sam u kazalište s (njegov brat). – Išao sam u kazalište s njegovim bratom.

a. Išao sam u kazalište s (njegov brat). **b.** Došla sam sa (svoji prijatelji). **c.** Vratio se kući s (tri prijatelja). **d.** Pošla je u grad s (njegova majka).

8.

Ja sam išao za (on). – Ja sam išao za njim.

a. Ja sam išao za (on). **b.** On je trčao za (ja). **c.** Ustali smo i pogledali za (one). **d.** Za (moj brat) došla je i sestra. **e.** Doći ću za (ti).

9.

Svjetiljka visi nad (stari stol). – Svjetiljka visi nad starim stolom.

a. Svjetiljka visi nad (stari stol). **b.** Nad (stare knjige) nalazi se velika slika. **c.** Nad (ogledalo) visi mala lampa.

10.

Prijevod – Übersetzung

a. Ich konnte dich nicht anrufen, wie wir uns verabredet haben, weil ich noch nicht zurückgekommen war. **b.** Sie kamen nicht zu uns, weil sie

Besuch bekommen hatten. **c.** Wenn ich gewußt hätte, wo wir uns treffen, wäre ich auch gekommen. **d.** Ich weiß nicht, ob sich dein Buch unter meinen Sachen befindet. **e.** Vielleicht hast du deine Schuhe unter dem Tisch vergessen. **f.** Deinen Wagen kannst du vor meinem Haus stehen lassen (ostaviti). **g.** Warum bist du nicht mit deiner Freundin gekommen? **h.** Ich werde hinter dir herkommen.

22 A

O hrvatskoj književnosti

– Kakve su ti to knjige, Ingrid?
– Koje?
– Te tu na stolu.
– Ove ovdje! To su izabrana djela Eugena Kumičića. Kupila sam ih danas u nekom antikvarijatu koji se nalazi u jednoj maloj uličici u starom dijelu Dubrovnika.
Nije ti poznat ovaj pisac?
– Ne, nije mi poznat jer sam se dosada bavila samo jezikom, a na seminarima u Zagrebu i Zadru nisam još čula za njega.

– Pa nije ni čudo. Njegovo je ime stvarno u europskoj književnosti nepoznato. Ja sam slučajno listala po nekoj povijesti hrvatske književnosti, pa sam zapamtila da je pisao mnogo o životu ljudi iz istarskog i općenito iz hrvatskog primorja. Budući da je rođen u Istri, skoro u svakoj mu je knjizi obrađena ili barem nasječena ova tematika.

– Kad je rođen taj Kumičić?
– Bit će da je rođen negdje u početku druge polovice XIX (devetnaestog) stoljeća jer su mu knjige bile tiskane po prilici pred kraj stoljeća. Ne sjećam se baš točno koje godine je rođen, ali znam da spada među hrvatske realiste.

– Što piše on?
– Pisao je pretežno pripovijesti i romane. Njegova su djela u početku bila tiskana po raznim časopisima, a kasnije i kao knjige. Osim primorske problematike, obrađene su u nekim njegovim djelima i teme iz hrvatske povijesti, a u nekim je čak, prema uzoru na francuskog naturalistu Zolu, obrađen i raskalašeni i pokvareni život hrvatskih gradova.
Od toga svega mene najviše zanimaju njegovi opisi mora jer sam gotovo zaljubljena u ovaj kraj, ovo more, otoke i poluotoke i općenito skoro u svaki kamen.
– Kaži mi kako je more kod njega opisano. To bi i mene zanimalo.
– Pročitat ću ti nekoliko izvadaka iz njegovih pripovijesti „Jelkin bosiljak“ i „Preko mora“.

1. Glagolski pridjev pasivni – Das passive Verbaladjektiv

- Njegove knjige su **tiskane** pred kraj stoljeća. – *Seine Bücher sind gegen Ende des Jahrhunderts gedruckt worden.*
- U njegovim su djelima **obrađene** teme iz hrvatske povijesti. – *In seinen Werken sind die Themen der kroatischen Geschichte bearbeitet.*

Infinitiv		*Singular*			*Plural*		
		m.	*f.*	*n.*	*m.*	*f.*	*n.*
izàbrati	*auswählen*	ȉzabrā-n	-na	-no	-ni	-ne	-na
tȉskati	*drucken*	tȉskā-n	-na	-no	-ni	-ne	-na
opísati	*beschreiben*	òpīsā-n	-na	-no	-ni	-ne	-na
obráditi	*bearbeiten*	òbrāđ-en	-ena	-eno	-eni	-ene	-ena
ròditi	*gebären*	rȍđ-en	-ena	-eno	-eni	-ene	-ena
nàsjeći	*anschneiden*	nasjèč-en	-èna	-èno	-èni	-ène	-èna
ìspiti	*austrinken*	ispì-jen	-jena	-jeno	-jeni	-jene	-jena
ȕzēti	*nehmen*	ȕzē-t	-ta	-to	-ti	-te	-ta

Außer dem **aktiven Verbaladjektiv** (Partizip Perfekt – *kupio (m.), kupila (f.), kupilo (n.)* von *kupiti* „kaufen“) existiert im Kroatischen auch das **passive Verbaladjektiv.** Es wird vom Infinitivstamm *(**izabra**-ti)* und von, je nach der Endung des Infinitivstammes, vier verschiedenen Endungen *(-n; -en; -jen; -t)* gebildet.
Das passive Verbaladjektiv dient zur Bildung aller Passivformen. Es wird aber auch als selbständiges Adjektiv gebraucht. In diesem Falle wird es im Singular und Plural wie ein Adjektiv dekliniert. Im Deutschen entsprechen diese Formen dem Partizip Perfekt *(gedruckt, gekauft)*, die in dem Fall auch dekliniert werden müssen.

2a. Pasiv – Passiv

- Njegova **su** djela u početku **bila tiskana** po raznim časopisima. – *Seine Werke waren am Anfang in verschiedenen Zeitschriften gedruckt worden.*

- U njegovim **su** djelima **obrađene** teme iz hrvatske povijesti. – *In seinen Werken sind die Themen aus der kroatischen Geschichte bearbeitet worden.*

Präsens

- Knjiga **biva tiskana.** – *Das Buch wird gedruckt.*

	m.	*f.*	*n.*
bîvām	tȉskān	tȉskāna	tȉskāno
bîvāš	tȉskān	tȉskāna	tȉskāno
bîvā	tȉskān	tȉskāna	tȉskāno
bîvāmo	tȉskāni	tȉskāne	tȉskāna
bîvāte	tȉskāni	tȉskāne	tȉskāna
bîvāju	tȉskāni	tȉskāne	tȉskāna

Perfekt

- Knjȉga **je tȉskāna.** – *Das Buch ist gedruckt worden.*

Imperfekt

- Knjȉga **bȉjāše tȉskāna.** – *Das Buch wurde gedruckt.*

Aorist

- Knjȉga **bî tȉskāna.** – *Das Buch wurde gedruckt.*

Plusquamperfekt

- Knjȉga **je bíla tȉskāna.** – *Das Buch war gedruckt worden.*

Futur I

● Knjìga **će bìti tìskāna.** – *Das Buch wird gedruckt werden.*

Futur II

● Àko knjìga **bùde tìskāna** – *Wenn das Buch gedruckt wird.*

Konditional II

● Knjìga **bi bíla tìskāna.** – *Das Buch wäre gedruckt worden, würde gedruckt worden sein.*

Die Passivformen werden vom passiven Verbaladjektiv und der entsprechenden Zeitform des Hilfsverbs *biti* „sein" gebildet. Für die Präsensformen nimmt man anstatt *biti* Präsens von *bivati (bivam, bivaš, biva ...).*

2b.

● Knjiga **se tiska.** – *Das Buch wird gedruckt.*
● Knjiga **se tiskala.** – *Das Buch ist gedruckt worden.*
● Knjiga **će se tiskati.** – *Das Buch wird gedruckt werden.*
● Knjiga **bi se tiskala.** – *Das Buch würde gedruckt werden.*

Die Passivformen können auch durch das Reflexivpronomen *se* ausgedrückt werden. Diese werden besonders im Präsens (anstatt *knjiga biva tiskana – knjiga se tiska*) und im Konditional I gebraucht, da das Konditional I nicht durch das Hilfsverb *biti* gebildet werden kann.

22C

1.

Njegove se knjige tiskaju svakog dana. – Njegove knjige bivaju tiskane svakog dana.

a. Njegove se knjige tiskaju svakog dana. **b.** Djela mu se najprije izabiru a zatim se tiskaju. **c.** U njegovim romanima se opisuje život ljudi uz more. **d.** Zašto se tvoje knjige ne tiskaju? **e.** Ove se novine tiskaju samo jedanput mjesečno.

2.

Ovaj je roman tiskan krajem prošlog stoljeća. – Ovaj roman bijaše tiskan krajem prošlog stoljeća.

a. Ovaj je roman tiskan krajem prošlog stoljeća. **b.** Naše zadnje novine su rasprodane već prije desetak dana. **c.** Čaše su bile ispijene na jedanputa. **d.** Tema je bila obrađena dosta opširno i točno. **e.** More je opisano jako zanimljivo.

3.

Djela su mu bila tiskana prije tri godine. – Djela će mu biti tiskana za tri godine.

a. Djela su mu bila tiskana prije tri godine. **b.** Ove novine su bile rasprodane prije dva dana. **c.** Tema o moru je bila jako opširno obrađena. **d.** Naš auto je bio odmah prodan. **e.** On je bio rođen u jesen.

4.

Knjiga će biti tiskana. Kupi jedan primjerak. – Ako knjiga bude tiskana, kupit ću jedan primjerak.

a. Knjiga će biti tiskana. Kupi jedan primjerak. **b.** Novine će biti naručene. Dobit ćemo jedne. **c.** Ova tema će biti nasječena. Reci mu o čem se radi. **c.** Ovaj problem neće biti obrađen. Neću ići na ispit. **e.** Njegova će djela biti izabrana i tiskana iduće godine. Kupit ću ih.

5.

Knjiga će se tiskati. Kupit ću je. – Kad bi knjiga bila tiskana, kupio bih je.

a. Knjiga će se tiskati. Kupit ću je. **b.** Tvoj će problem biti nasječen. Ti ćeš doći. **c.** Put će ti biti opisan. Naći ćeš nas lako. **d.** Ona nije rođena za glazbu. Ne zna pjevati.

6.

Prijevod – Übersetzung

a. Wenn diese Zeitung gedruckt wird, werde ich sie auch kaufen. **b.** Alle seine Romane wurden gegen Ende des vorigen Jahrhunderts gedruckt. Jetzt sind sie unbekannt. **c.** In seinen Romanen und Erzählungen sind verschiedene Themen bearbeitet worden. Am besten ist aber das Thema des Meeres und der Leute am Meer bearbeitet. **d.** Meine Werke wurden ausgewählt und von neuem gedruckt. **e.** Meine Erzählung kannst du lesen, wenn sie gedruckt wird.

23A

Jelkin bosiljak

Krasna je hrvatska Istra, no i naše je more divno i kada miruje i kada mu se nestalna površina pjeni. Čarobno je i grozno u svojem užasnom veličanstvu, kad mu siloviti vihor nad šumećim i uzburkanim valovima kao sitan prašak slanu vodu vije i raznosi. Divno je to naše more, kad se u njemu odsijevaju kao u najglađem i najprozirnijem zrcalu i plavetno nebo, i sivi krš, i zelenilo pitomih obala. Zanimljiva je ta gibljiva i nestalna površina.

Tko nije živio uz more i na moru, čuje kako ljudi izgovaraju tu riječ, vidi je često natiskanu i napisanu, sam je toliko puta izgovara, ali što ta riječ znači, toga ne može pojmiti, pa poznavao imena svih mora, zaljeva, oceana i draga; ne shvaća te riječi, pa makar i točno znao, kolika je površina tih mora, koji vjetrovi u njih duvaju, kojim pravcem teku im struje, koje ribe u njima žive i koja su počela iz kojih se voda sastoji. More ima svoj posebni život, a kad to kažem, ne mislim na ribe, školjke i biljke koje mu na dnu rastu. Žao mi je što ne mogu čitatelju, koji more ne pozna, barem donekle rastumačiti i opisati taj posebni i zanimljivi morski život.

Čitatelj, koji samo kopno pozna, čudit će se mojoj tvrdnji, mojim riječima. Da potkrijepim što kažem, (...), reći ću da je kopno muškarac, a more žena. Kopno se može prispodobiti s muškarcem zbog njihovih zajedničkih svojstava, a isto tako može se prispodobiti more sa ženom, jer ima hire upravo kao žena, jer je nestalno kao žena, zamamljivo, ćutljivo i nevjerno. Međutim, svijet dobro znade, da ni onaj ne pojmi žene koji s njom živi, koji je svojom nazivlje, kako bi tad mogao pojmiti što znači žena onaj koji je uopće nikad ne bi ni vidio? Ako mi čitatelj još uvijek ne vjeruje, lako se može sam osvjedočiti.

Eugen Kumičić

23B

1. Glagolski prilog sadašnji – Das Verbaladverb

- Čarobno je more kad mu vihor na **šumećim valovima** slanu vodu raznosi. – *Bezaubernd ist das Meer, wenn ihm der Wirbelsturm über die* **rauschenden Wellen** *das Salzwasser hin und her trägt.*
- **Šumeći valovi** – *Die* **rauschenden** *Wellen* oder *Die Wellen,* **die rauschen.**

Das Verbaladverb (*šumeći,* von *šumiti* „rauschen") kann auch die Funktion eines Adjektivs *(šumeći, -ća, -će)* annehmen. Es wird dann in allen drei Genera im Singular und Plural nach der Adjektivdeklination gewandelt.

2. *pojmiti* + *G.* oder *A.* „begreifen, fassen"

- Ni onaj ne **pojmi žene** koji s njom živi. – *Auch der begreift nicht die Frau, der mit ihr lebt.*
- **To** ne mogu **pojmiti.** – *Das kann ich nicht begreifen.*

3. Prijedlozi s lokativom – Präpositionen mit Lokativ

na **„auf, an"**

- Knjiga leži **na stolu.** – *Das Buch liegt auf dem Tisch.*
- Stajao sam **na prozoru.** – *Ich stand am Fenster.*

o **„über, um"**

- Govorili smo **o tebi.** – *Wir haben über dich gesprochen.*
- Radi se **o jednom** zanimljivom problemu. – *Es handelt sich um ein interessantes Problem.*

po **„in, auf, gemäß"**

- **Po selu** se priča o tebi. – *Im Dorf wird über dich erzählt.*
- **Po podu** su ležali komadići papira. – *Auf dem Boden lagen Papierstückchen.*

- **Po paragrafu** 58 krivičnog zakona. – *Gemäß Paragraph 58 des Strafgesetzbuches.*

prema **„gegen, nach, auf ... zu"**

- Pošao je **prema izlazu.** – *Er ging auf den Ausgang zu.*
- **Prema tvojem mišljenju.** – *Deiner Meinung nach.*

pri **„bei"**

- Pomogao sam mu **pri odlasku.** – *Ich half ihm bei der Abfahrt.*
- Rastali su se **pri ugodnom raspoloženju.** – *Sie gingen bei guter Stimmung auseinander.*

u **„in"**

- Sreli smo se **u šumi.** – *Wir trafen uns im Wald.*
- On će spavati **u tvojoj sobi.** – *Er wird in deinem Zimmer schlafen.*

4. Prijedlozi s akuzativom – Präpositionen mit Akkusativ

kroz **„durch"**

- Put je vodio **kroz šumu.** – *Der Weg führte durch den Wald.*

među **„zwischen“**

- Neka sjedne **među vas dvoje.** – *Er soll sich zwischen euch beide setzen.*

na **„auf, an“**

- Stavio sam knjigu **na stol.** – *Ich legte das Buch auf den Tisch.*
- Učitelj piše sva gramatička pravila **na ploču.** – *Der Lehrer schreibt alle grammatischen Regeln an die Tafel.*

o **„an, gegen“**

- Udario je glavom **o zid.** – *Er stieß mit dem Kopf an die Wand. Er schlug mit dem Kopf gegen die Wand.*

pod **„unter“**

- Stavi stolicu **pod stol.** – *Stell den Stuhl unter den Tisch.*

pred **„vor“**

- **Pred kuću** je posadio deset jabuka. – *Vor dem Haus pflanzte er zehn Apfelbäume an.*

u **„in“**

- On ide **u školu.** – *Er geht in die Schule.*

uz **„neben, bei“**

- Sjeo je **uz svoju staru prijateljicu.** – *Er setzte sich neben seine alte Freundin.*
- Sjedio je **uz svoju staru prijateljicu.** – *Er saß neben seiner alten Freundin.*

za **„für“**

- Ovo je poklon **za tvoj rođendan.** – *Dies ist das Geschenk für deinen Geburtstag.*
- Ruže su **za tvoju sestru.** – *Die Rosen sind für deine Schwester.*

5. Prijedlozi s dativom – Präpositionen mit Dativ

k(a) **„zu“**

- Dođi **k meni.** – *Komm zu mir.*
- Stavi bilježnicu **ka knjizi.** – *Leg das Heft zum Buch hin.*

nasùprot **„gegenüber“**

- Ona je sjedila **nasuprot njemu.** – *Sie saß ihm gegenüber.*

ùsprkos **„trotz“**

- **Usprkos njegovoj jakoj volji** nije položio ispite. – *Trotz seines starken Willens bestand er die Prüfungen nicht.*

23 C

1.

Plivali smo preko valova koji su šumjeli. – Plivali smo preko šumećih valova.

a. Plivali smo preko valova koji su šumjeli. **b.** Ugledali smo nekoliko žena koje su se smijale. **c.** Mi volimo more koje šumi. **d.** Kupali smo se u moru koje je šumjelo. **e.** Na ulici je sreo neku ženu koja je plakala.

2.

Bilježnice i knjige leže na (stol). – Bilježnice i knjige leže na stolu.

a. Bilježnice i knjige leže na (stol). **b.** Stajala je više od dva sata na (prozor). **c.** Sjedio je na (stolica) pod stablom. **d.** Kad si ti ustao, ja sam već bio na (plaža).

3.

Mnogo se pričalo o (tvoj brat). – Mnogo se pričalo o tvojem bratu.

a. Mnogo se pričalo o (tvoj brat). **b.** Radi se o (tvoj studij). **c.** Rekao mi je da se govorilo o (ti). **d.** Mislim da sam nešto rekao i o (tvoj problem).

4.

Po (tvoje mišljenje) on nije kriv. – Po tvojem mišljenju on nije kriv.

a. Po (tvoje mišljenje) on nije kriv. **b.** Kažnjen je po (paragraf) 58 krivičnog zakona. **c.** Po (selo) se govorilo da se vratio kući već pred osam dana. **d.** Po (ulica) su trčala djeca.

5.

Pošao sam prema (izlaz kuće). – Pošao sam prema izlazu kuće.

a. Pošao sam prema (izlaz kuće). – **b.** Kad ju je ugledao, potrčao je prema (ona). **c.** Čim je čuo tu vijest, potrčao je prema (kuća). **d.** Prema (tvoje mišljenje) ona to nije zaslužila.

6.

Ona pomaže svojoj majci pri (spremanje ručka). – Ona pomaže svojoj majci pri spremanju ručka.

a. Ona pomaže svojoj majci pri (spremanje ručka). **b.** Rastali su se pri (ugodno raspoloženje). **c.** Ona mi to reče pri (polazak). **d.** Pri (takvo vrijeme) ne možemo raditi.

7.

Vidjeli smo se u (grad). – Vidjeli smo se u gradu.

a. Vidjeli smo se u (grad). **b.** Sreo sam je danas u (šuma) na šetnji. **c.** Jučer sam bio s njegovim bratom u (kino). **d.** Našao sam ga još u (kuća).

8.

Gledala je kroz (prozor). – Gledala je kroz prozor.

a. Gledala je kroz (prozor). **b.** Put je vodio kroz (grad). **c.** Trčao je dva sata kroz (šuma). **d.** Vidio sam te kroz (zatvorena vrata).

9.

Stavi knjige na (stol). – Stavi knjige na stol.

a. Stavi knjige na (stol). **b.** Stavi hlače na (krevet). **c.** Sjednite na (stolica) pokraj mene. **d.** Dođite na (ploča), rekao je lektor.

10.

Donio sam ti poklon za (rođendan). – Donio sam ti poklon za rođendan.

a. Donio sam ti poklon za (rođendan). **b.** Ove su hlače za (tvoj brat). **c.** Ove su knjige za (tvoja sestra). **d.** Naručio sam taksi za (ti).

11.

U dva sata došao je k (ja). – U dva sata došao je k meni.

a. U dva sata došao je k (ja). **b.** Zašto nisi došao jučer k (mi)?. **c.** Ona je pošla k (tvoji roditelji). **d.** Mi ćemo doći danas k (tvoja sestra).

12.

Prijevod – Übersetzung

a. Sie liebt das Meer und seine rauschenden Wellen. **b.** Wir gehen jeden Tag durch den Wald spazieren. **c.** Ich muß immer meiner Mutter beim Vorbereiten des Mittagessens helfen. **d.** Sie unterhält sich gern über Probleme anderer. **e.** Meiner Meinung nach ist sie unschuldig.

24A

Preko mora

Bijaše mračna noć, nigdje obale, oko njih veliko, pusto, uzburkano more u koje gledahu prestravljeno. Vidjeli su samo rastrganu pjenu oko lađice i valove kako se sustižu i prebacuju, kako grnu jedan za drugim, kako se usprskuju i pjene (...). U onom velikom, širokom i uvijek jednakom šumu vjetra i mora muklo, odsječeno, tvrdo zaječi sad dalje, sad bliže pljusak pojedinih valova, jače nabreknutih, što se nadmeću nad ostale i treskaju svojim zavijenim vrškom preda se. Taj mukli pljusak, taj naglo prekinuti tresak jačih valova užasno oživljuje onu groznu jednoličnost, onu strašnu, uvijek istu te istu duboku riku uzburkane pučine, kao da se krše čempresi i lome tvrde kosti o zidove golema i zatvorena groba, uzvitlane vihorom što uvijek jednako muklo šumi i zavija u tom grobu.

Prema sjeveru sve se zdušilo, primiče im se onaj oblak kao kakav zid, crn, visok od mora do neba, a u njemu se križaju munje, prosijecaju ga, viju se kao ognjene zmije, neke sjeknu u more, kao da se igraju sve sotone, sve paklenske nemani. Nad pustim morem muklo se razlijega grmljavina i gubi se u šumu.

Mrku noć razgaljuje malko pjena što se bijesno vije nad uskopanim morem i pod zastrtim, crnim nebom. Čas zatim zavrgla se oluja, kiša stala lijevati kao da se nebo prolomilo.

Nedaleko od lađice tresne grom u more, žarka svjetlost raspŕši za jedan hip sav onaj crni mrak.

Eugen Kumičić

24 B

1.

- **Nigdje** (nema) **obale.** – *Nirgendwo gab es Küste. Nirgendwo war die Küste zu sehen.*
- Gdje ti **je bila knjiga?** – *Wo war dein Buch?*
- Nigdje **nije bilo tvoje knjige.** – *Nirgendwo war dein Buch.*

Das negierte Verb *imati* „haben“ und die mit ähnlicher Bedeutung gebrauchten Verbformen von *biti (nije bilo, ne bijaše ...)* im Sinne von „es gibt nicht“ regieren im Kroatischen den Genitiv.

2.

- ... pljusak pojedinih valova, **jače nabreknutih,** ... – *das Aufprallen der einzelnen Wellen, der stärker angeschwollenen ... = die stärker angeschwollen waren*

Das passive Verbaladjektiv kann häufig einen Relativsatz ersetzen.

3.

- ... pljusak pojedinih valova, (...), **što** se nadmeću nad ostale. – ... *das Aufprallen der einzelnen Wellen, die sich gegenseitig überbieten*

Anstatt der Relativpronomina *koji, koja, koje* wird häufig *što* für alle drei Geschlechter im Singular und Plural gebraucht.

4. Prijedlozi s genitivom – Präpositionen mit Genitiv

bez **„ohne“**

- Došao je **bez nje.** – *Er kam ohne sie.*

blízu **„nahe“**

- Stanujem **blizu tvoje kuće.** – *Ich wohne nahe an deinem Haus.*

do **„bis“**

● Ostat ću kod kuće **do kraja** godine. – *Ich werde bis zum Ende des Jahres zu Hause bleiben.*

duž **„längs, entlang“**

● **Duž obale** nalaze se mnogi otoci. – *Längs der Küste befinden sich viele Inseln.*

ispod **„unterhalb“**

● **Ispod brijega** teče jedna mala rijeka. – *Unterhalb des Berges fließt ein kleiner Fluß.*

ispred **„vor“**

● **Ispred moje kuće** nalazi se vrt. – *Vor meinem Haus befindet sich ein Garten.*

iz **„aus“**

● On izlazi **iz kuće.** – *Er geht aus dem Haus heraus.*

iza **„hinter“**

● **Iza kuće** ima mnogo stabala. – *Hinter dem Haus gibt es viele Bäume.*

između **„zwischen“**

● On neka ide **između tebe i njega.** – *Er soll zwischen dir und ihm gehen.*

ȉzvan **„außerhalb"**

● **Izvan grada** smije se voziti više od 50 km. na sat. – *Außerhalb der Stadt darf man mehr als 50 Stundenkilometer fahren.*

kod **„bei"**

● Bio sam **kod tebe.** – *Ich war bei dir.*

kraj **„neben"**

● Sjest ću **kraj tebe.** – *Ich werde mich neben dich hinsetzen.*

od **„von"**

● **Od Zagreba** do Karlovca ima 50 km. – *Von Zagreb bis Karlovac sind es 50 km.*

ȍsim **„außer"**

● Svi su došli **osim tebe.** – *Alle kamen, außer dir.*

pȍslije **„nach"**

● Došao sam **poslije tebe.** – *Ich kam nach dir.*

prȉje **„vor"**

● Vratio sam se **prije tebe.** – *Ich kehrte vor dir zurück.*

prȍtiv **„gegen, wider"**

● Ne bih htio raditi **protiv tvoje volje.** – *Ich möchte nicht gegen deinen Willen handeln.*

radi **„wegen"**

● Sastali su se **radi rješavanja** jednog problema. – *Sie trafen sich wegen der Lösung eines Problems.*

zbog **„wegen"**

● **Zbog tebe** sam skoro zakasnio na autobus. – *Deinetwegen habe ich fast den Bus verpaßt.*

ùmjesto **„anstatt"**

● Ona je došla **umjesto njega.** – *Sie kam anstatt seiner.*

24 C

1.

Moja knjiga – Moje knjige nema nigdje. – Moje knjige nije bilo nigdje.

a. Moja knjiga **b.** Tvoja olovka **c.** Njegov otac **d.** Njezin brat **e.** Naši roditelji **f.** Vaši prijatelji **g.** Njihova djeca **h.** Naš brod

2.

Ne sviđaju mi se članci koji su tiskani u tvojoj knjizi. – Ne sviđaju mi se članci, tiskani u tvojoj knjizi.

a. Ne sviđaju mi se članci koji su tiskani u tvojoj knjizi. **b.** Govorim o problemu koji je obrađen u zadnjim novinama. **c.** Radi se o pitanju koje je bilo nasječeno u zadnjoj diskusiji.

3.

Bez (ti) nismo mogli započeti. – Bez tebe nismo mogli započeti.

a. Bez (ti) nismo mogli započeti. **b.** Došao je bez (svoja prijateljica). **c.** Ne idemo u grad bez (auto). **d.** Bez (novac) ne možeš ništa napraviti.

4.

On stanuje blizu (grad). – On stanuje blizu grada.

a. On stanuje blizu (grad). **b.** Vidio sam ga blizu (šuma). **c.** Sreli smo se blizu (park). **d.** Kuća mu se nalazi blizu (more).

5.

Hrvatski ću učiti do (kraj ove godine). – Hrvatski ću učiti do kraja ove godine.

a. Hrvatski ću učiti do (kraj ove godine). **b.** Posjetit ću te do (početak idućeg mjeseca). **c.** Od (Zagreb) do (Karlovac) ima otprilike 40 kilometara. **d.** Od (tvoja kuća) do (mi) ima svega sto metara.

6.

Parkirao sam ispred (tvoj auto). – Parkirao sam ispred tvojeg auta.

a. Parkirao sam ispred (tvoj auto). **b.** Zaustavio se ispred (tvoja kuća). **c.** Učitelj stoji ispred (školska ploča). **d.** On sjedi pod stablom iza (kuća). **e.** U školi sjedim iza (ona). **f.** Stolica se nalazi ispod (stol). **g.** Bilježnica ti je ispod (knjiga). **h.** Kad se vraćaš iz (Zagreb)? **i.** Nisu se još vratili iz (park).

7.

Ona stanuje izvan (grad). – Ona stanuje izvan grada.

a. Ona stanuje izvan (grad). **b.** To leži izvan (njegov horizont). **c.** Tvoj prijatelj sjedi između (mi). **d.** Zašto nije bila kod (ti)? **e.** Jučer smo bili kod (njegovi roditelji). **f.** Vidio sam te kod (on).

8.

Ona se vratila poslije (ja). – Ona se vratila poslije mene.

a. Ona se vratila poslije (ja). **b.** Poslije (ti) posjetili smo i ostale prijatelje. **c.** Praznici počinju poslije (Nova godina). **d.** Na izlazu sam stajao kraj (on). **e.** Svi su došli osim (Boris) i (njegova prijateljica). **f.** On radi protiv (svoji principi). **g.** Umjesto (on) doći ću ja.

9.

Došla je na fakultet radi (upis). – Došla je na fakultet radi upisa.

a. Došla je na fakultet radi (upis). **b.** Posjetio sam te radi (naš dogovor). **c.** Idem u grad radi (knjiga). **d.** Zbog (loše vrijeme) ostali smo kod kuće. **e.** Brod nije krenuo od obale zbog (preveliki valovi).

10.

Prijevod – Übersetzung

a. Nach zwei Stunden Fahrt mit dem Schiff gab es keine Küste mehr. **b.** Als ich zurückkam, waren deine Eltern nirgendwo (zu sehen). **c.** Die Themen einiger Artikel, die etwas besser bearbeitet waren, gefielen mir sehr. **d.** Ohne deine Hilfe hätte ich den Strand nie gefunden. **e.** Er schwimmt unter Wasser fast 50 Meter. **f.** Ich kam zu ihm wegen seiner Übersetzung, er war aber nicht zu Hause.

Test 4

A. da (1), bismo (2), mogao (3), bih (4), znale (5)

a. Da sam ..., bio ... te posjetio. **b.** Kad bismo bile ... o čem se radi, ne ... ti bile pričale o tome. **c.** Čim se vratio kući, požurio je prema plaži ... bi stigao svoje prijatelje. **d.** Razgovarali smo s lektorom ... bismo saznali kad se vraćamo kući.

B. četvero (1), trojica (2), četvere (3), prelijepo (4), prekasno (5), dvojicom (6)

a. On je došao .... Vlak je bio već otišao. **b.** Vrijeme je danas ... **c.** Bio sam s ... studenata na plaži. Poslije smo se svi trojica vratili kući. **d.** Njih ... nisu ni došli u školu. **e.** Bilo ih je ... Dva prijatelja i dvije prijateljice. **f.** Svaki dan čita ... novine.

C. počesmo (1), dođosmo (2), predstavih (3), bijasmo (4), kupahu (5)

a. Ja mu se ..., a on me i ne pogleda. **b.** Kući ... tek u 12 sati noći. **c.** Nakon završetka gimnazije ... studirati u Zagrebu. **d.** Oni se ... svaki dan u toploj vodi. **e.** Za vrijeme praznika ... jako zaposlene.

D. među (1), pod (2), pred (3), s (4)

a. Njegov auto stoji ... našom kućom. **b.** Bio sam u kinu ... tvojom sestrom. **c.** Zaboravio je cipele ... stolom. **d.** Našao je svoju knjigu ... mojim stvarima.

E. bila (1), se (2), bude (3), rođen (4), obrađena (5)

a. Ove ... novine tiskaju svaki dan. **b.** U knjizi je ... tema iz hrvatske povijesti. **c.** On je ... u Zagrebu 1930. godine. **d.** Ako njegova knjiga ... tiskana, kupit ću je. **e.** Knjiga bi već ... tiskana da smo imali novaca.

F. parku (1), odlasku (2), stolu (3), stol (4), prema (5)

a. Njegove stvari leže na ... **b.** Ona je stavila svoje stvari na ...

c. Pošao je … izlazu. **d.** Pri … nas je pozdravio. **e.** Sreli smo se u … na šetnji.

G. k (1), kroz (2), uz (3), školu (4), za (5)

a. Vozi li ovaj autobus … tvoju ulicu? **b.** Rekao je da danas ne ide u … **c.** Sjedimo stalno … svoje stare prijatelje. **d.** Kupio sam ti kola … tvoj rođendan. **e.** Nije htio doći … nama.

H. iz (1), bez (2), blizu (3), ispred (4)

a. Došao je u školu … knjiga. **b.** Mi stanujemo … gradskog parka. **c.** Kavana se nalazi … našeg fakulteta. **d.** Vratio se … kina.

I. umjesto (1), kod (2), kraj (3), zbog (4), osim (5)

a. Ne znam je li on bio danas … tebe. **b.** Zašto ona ne sjedi … njega? **c.** Svi će doći … nas. **d.** Ne možemo doći … lošeg vremena. **e.** On će danas doći na posao … mene.